会社を強くする

承継の鉄則

経営・所有・家族の承継プランニング

三菱UFJリサーチ&コンサルティング株式会社
コーポレートアドバイザリー部［著］

一般社団法人金融財政事情研究会

はじめに

日本は、100年以上続く、いわゆる「長寿企業」が世界のなかでも最も多い国といわれています。また、その大半は特定の個人または家族が株式の多くを「所有」し、経営（事業運営）においても主導的な役割を担ういわゆる「オーナー企業」です。

当然ながら、企業を100年以上存続させるということは創業者一人でできることではありません。オーナー・経営者の代替わり＝「事業承継」を円滑に行うことが必須条件となります。

「事業承継」というと、世の中では所有権＝株式の承継、相続税対策の話ととらえがちです。しかし、真に重要なのは、事業運営をスムーズに移管するとともに次世代の経営体制を構築し、将来に向けた戦略を構想すること、つまり、承継後も企業としての存続・持続的な成長を実現するための「経営の承継」です。

これらを、後継者ほか親族を含めた関係者をうまく巻き込みながら、時間をかけ、着実に進めていく必要があります。従来は「私（個人）」よりも「家（組織）」を大切にする価値観や、島国であり他国からのさまざまな影響を受けにくいという地理的特性、そのなかでも50年以上人口が増え続け、成長市場にあったことなどから、比較的、事業承継がしやすい環境にありました。しかし、核家族化・家族にかかわる価値観の変化、グローバル化や人口減少による市場の成熟化・縮小、競争の激化など、企業を取り巻く環境は非常に厳しくなり、事業承継もむずかしくなっています。

また、いつの世にも取り沙汰される事業承継のトラブル「お家騒動」は親族・関係者間のコミュニケーションや合意形成の不足、社内外の変化・動向に対する見通しの甘さなどが原因であることが多く見受けられます。企業によっては、創業者から子・兄弟姉妹、さらにその下の子・兄弟姉妹や従兄弟姉妹と、代を重ねるに従って関係者が増え、合意形成がうまくいかず、トラブルに発展してしまう、といった事例もあります。

では、こういった「お家騒動」を避け、円滑な事業承継を実現するためには何をすべきでしょうか。

最も重要なのは、承継を進めるうえでの課題を適切な視点で洗い出し、オーナー経営者自身や後継者の思いもふまえ、承継後に実現したい姿（状態）や実現に向けた取組みを示した「承継計画」をつくり、関係者とコミュニケーションをとり、合意形成を図りながら、着実に進めていくことです。

事業承継は半年や１年で終えられるものではなく、少なくとも数年単位で考え、実行していかなければなりません。なおかつ、事業承継は企業の存続にあたって避けて通ることができません。失敗も許されません。

企業の経営も製品・サービス開発や設備投資など中長期の視点で考えなければならず、かつ大きな失敗はできない領域です。そのため、中期経営計画など、計画を立てて進めることが一般的に認知されています。

一方で事業承継に関しては現経営者の胸三寸で決め、進めている企業が多いように感じます。きちんと計画を立てて進めている企業は経験豊富な老舗企業を除き、まだまだ少ない状況です。

理由としては、変化の激しい市場環境、現経営者自身の経営継続意思（後継者がいない・頼りない、後継者（候補）の意思確認ができていないなどの理由から）や個人資産も絡むセンシティブな問題であることなどがあげられるかと思います。従前の環境であれば、それでも親子の暗黙の了解で承継ができたかもしれませんが、現在ではむずかしいでしょう。

また、計画というかたちで書面に表さなくても、口頭で自分の考えは後継者・関係者に伝えている、というオーナー経営者もいらっしゃるかもしれません。しかし、後継者・関係者など、話を聞く側からすると、何かの話のついでにいわれたことがあるが、明確な方針として伝えられたとは感じず、結局「親父（現経営者）は何も話してくれない。承継について、いつ、何をどのように承継しようとしているのか、わからない」といったケースも多くあります。

先に述べたとおり、事業承継はセンシティブな問題なので、こういったミスコミュニケーションが頻繁に起こり、結果として事業承継自体がうまく進まない、という事態に陥ってしまうのです。血のつながった親子であればなおさらです。ほかの役員・社員とは論理的に話ができるのに、血がつながった親子・親族だと突然感情的になり、冷静に話ができなくなってしまう、というのもよくある話です。

実際に承継を進めるにあたっては、経営環境の変化や想定外の事態などが起こり、当初の計画どおりに進めることがむずかしいケースが大半だと思います。その際は必要に応じて計画を修正し、それに沿って進めていけばよいのです。

もう一つ、承継計画の重要性は「後継者の意思」を反映するということにあります。もちろん、現経営者も主役の一人であることは間違いありませんが、「承継」はその後の将来、企業の存続のために行うものです。将来を考え、企業経営を担うのは「後継者」です。

冒頭に述べたように今後、よりいっそう市場環境が厳しくなるなかにおいては、「『承継』した後に後継者が自分で経験を積みながら、一人で考えればよい」という考え方では、必要な対応が後手に回り、会社の存続にも影響を与えかねません。いきなり「社長職」のバトンを受けた後継者は、社内の役員や社員、お客様や取引先企業、銀行等の関係者からも十分な信頼を得られるケースは少なく、これが要因で必要な取組みが遅れたり、拙速に物事を進めて混乱を招いたりする可能性もあります。

社員やお客様など、すべての関係者に迷惑をかけないためにも、試行錯誤も含めた経験の蓄積や体制づくりなどの準備を現経営者とともに、十分に行ったうえで正式な「バトンタッチ」を行うべきです。そのなかに「後継者の意思」も反映し、徐々に経営者としてのリーダーシップを涵養することが承継後の経営をよい意味で安定させることにもつながります。

本書は冒頭に述べた「オーナー企業」の「事業承継」について、われわれのこれまでの数多くのコンサルティング実績・研究に基づき、基本的な考え方や進め方、ポイントを解説しています。

多忙な現経営者・後継者の方々に、わかりやすく事業承継のポイント・進め方をお伝えするために以下の特徴を意識し、構成しています。

一つ目は、われわれが実際に支援を行った事例なども紹介しつつ、現実に寄り添いながら、事業承継の考え方、ポイントについて解説を行っています。

二つ目は図や表をできる限り多く入れ、進め方やポイントをイメージとしてとらえていただけるようにしています。

また、実際の自社・自身の事業承継の検討にもお使いいただけるチェックリストや計画表のフォーマット（書式）を多く入れています。

本書の構成は、第Ⅰ章で先に述べたような企業・事業承継に関連する環境変化を、第Ⅱ章では事業承継・ファミリービジネス（＝オーナー企業）を考えるうえでの基本的な視点・ポイントをまとめています。
それらをふまえ、第Ⅲ章では事業承継のコアとなる後継者の選定・育成の進め方、第Ⅳ章で事業承継計画の策定の具体的な考え方・プロセスを解説し、第Ⅴ章で実行にあたっての留意点を記載しています。

経営や事業運営にかかわる現経営者あるいは後継者（候補も含めて）においては、日々あるいはここ１年を乗り越えるのに精いっぱいだと感じておられる方々も多いことでしょう。しかし、経営者の最も重要な「仕事」は、社員では考えられない、10年先・20年先を見据えて手を打つことだと思います。

事業承継も間違いなくその一つであり、よい意味で「無駄なく重要なポイント」を考え、計画が立てられるようまとめたつもりです。

本書がオーナー企業における現経営者・後継者の皆様の「事業承継」の一つの「指針」になることを願っています。

2019年12月

三菱UFJリサーチ＆コンサルティング株式会社

目　　次

Ⅳ 事業承継計画の策定

V　事業承継計画の具体的な策定方法とプロセス

VI　事業承継事例の紹介

I

事業承継を取り巻く環境

この章では、事業承継を取り巻く環境（図表Ⅰ－1）について、第1節では事業を取り巻く環境、第2節では事業承継そのものの現状に触れ、現経営者・後継者が考慮すべき要因について述べていきます。

1　事業環境

事業承継とは、いうまでもなく、事業（企業）を引き継ぐ取組みです。国内の人口減少やIT化の進展、グローバル化など、「事業」を取り巻く環境はこれまでとは大きく変わりつつあります。企業の永続・成長を実現するためには、これらの自社への影響をふまえた取組みを検討する必要があります。ここでは、考慮すべき変化について、外部環境と内部環境に分けてみていきます。

図表Ⅰ－1　企業・事業承継を取り巻く環境

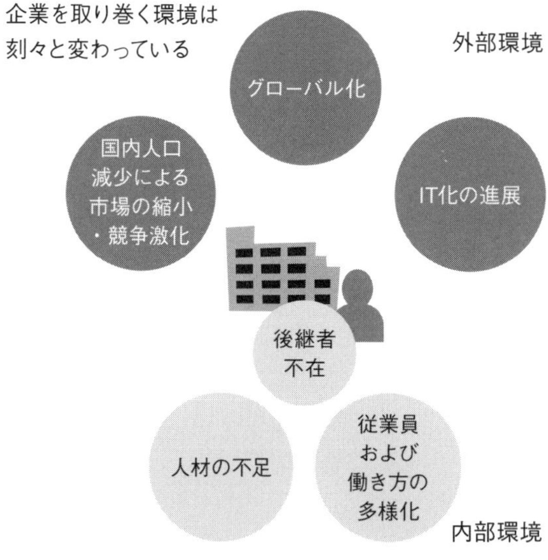

(1) 外部環境（企業を取り巻く環境）

① 国内人口減少による市場の変化

事業に影響を与える外部環境として最も大きなものは、国内の多くの需要（市場）の基盤となる人口の減少です。

一般的に、多くの製品・サービス需要の基盤となる人口が増えているときは市場が拡大するため、現在の事業を堅実に行っていれば一定の成長を見込むことができました。今後は人口減少とともに国内市場が縮小していくので、これまでと同様のやり方で事業を成長させることはむずかしくなっていきます。

以下の図表Ⅰ－2は1965年から2065年までの人口推移です。人口は2010年あたりをピークに減少していきます。約50年かけて1.5倍になった人口は同

図表Ⅰ－2　年齢別人口推移

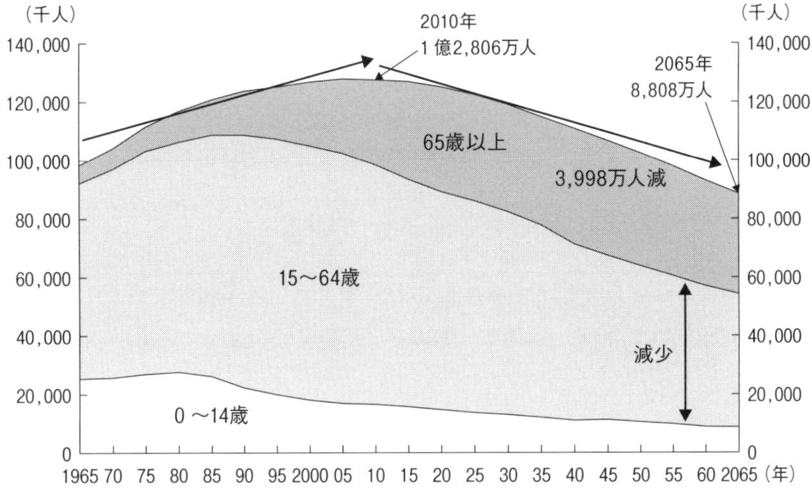

（出所）　国立社会保障・人口問題研究所「人口ピラミッドデータ（総務省統計局『国勢調査』および『日本の将来推計人口（平成29年推計）』出生中位・死亡中位仮定による）」をもとに筆者作成。

じ期間をかけて、ピーク時の３分の２になります。このような人口減少局面においては、これまで100年企業の「秘訣」としていわれてきた「本業を堅実に営んでいれば生き残れる」といったセオリーは通じなくなります。今後の経営、事業承継の際には、こういった大きな市場環境変化への対応、新たな事業（市場、製品・サービス）の展開などを検討していく必要があります。

②　グローバル化

1990年代から「グローバル化」という言葉がよく使われるようになりました。いまとなっては企業の規模にかかわらず、なんらかのかたちで大なり小なり日本以外の国の情勢変化の影響を受けるようになっています。

IT や物流サービスの進化により、情報・モノの動きが活発化し、世界規模で販売（売る場所・相手）や製造・調達（つくる場所・材料の調達先）を考えなければ、企業としての生き残りもむずかしくなる可能性があります。

また、リーマン・ショックの際には、自社とまったく関係のない領域での事象が多くの産業に大きく影響を及ぼしたように、自社からはみえないところでさまざまな要因が複雑に関係・影響し、思わぬ危機を招く可能性もあります。

次世代の経営者はこれらを念頭に、より広い視野で注意深く事業に影響を与える要因や先行きを見据え、事業の方向性を定める必要があります。

③　IT 化の進展による経営の高速化・効率化

1990年代にインターネットを中心としたネットワーク技術が普及し始めて以降、情報発信や共有、処理にかかわる技術は非常に速いスピードで進化しています。

IT を適切に活用すれば、多種大量のデータに基づく意思決定精度の向上や圧倒的な省人化が実現でき、今後大きく経営の精度・効率を上げられる可能性があります。

たとえば、大手都市銀行における RPA（Robotic Process Automation）の

図表Ⅰ－3　RPA導入事例

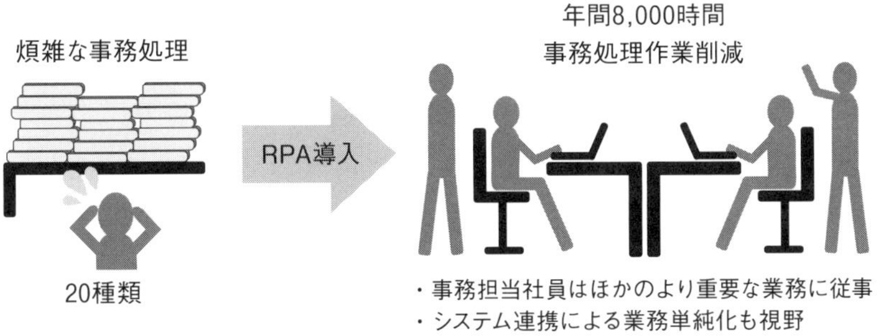

（出所）　総務省ホームページ「RPA（働き方改革：業務効率化による生産性向上）」の「◆導入事例」をもとに筆者作成。

導入事例（図表Ⅰ－3）では、大幅な作業時間短縮・効率化を実現しています。RPAやAIのソリューション（機器やサービス）は、大企業だけでなく中堅中小企業向けのサービスも登場してきています。われわれも支援する企業の後継者から相談を受けることが多くなってきています。

労働人口が減少するなかでは、ITサービスを活用し、意思決定の精度向上や迅速化、省力化を検討・実践していくことができるかどうかが、今後の経営において非常に重要なポイントになります。

(2)　内部環境（企業の内部の環境）

続いて、内部環境についてみていきます。内部環境に大きな影響を与える要因として、少子高齢化に伴う「人材の不足」があり、これらへの対処も含め「従業員および働き方の多様化」の重要性が増していきます。

①　人材の不足

人口減少と少子高齢化が進むと、企業の経営・事業運営に必要な人材の確保がよりむずかしくなるものと考えられます。図表Ⅰ－2のとおり、15～64歳（生産年齢人口）は、全人口の減少に先んじて1990年以降減少を始めています。

一緒に働く人材を集めるためには、従来のやり方ではなく、若い人材の価値観にあわせた、採用や職場環境・育成の仕組みづくりの検討が必要かもしれません。

ある建設関連の中小企業では、職人として独り立ちするまでに、見習い修行も含め10年かかるといわれていた期間を、熟練者の作業手順を撮影した動画等の教材を活用し、その半分の期間で育成できる仕組みをつくりあげました。その結果、若い人材を採用できるようになり、その仕組みに魅力を感じた意欲ある人材が安定的に採用できるようになったそうです。このように「育成の（＝成長できる）仕組み」というのは、若い人材にとっては大きな魅力となっています。

さらにRPAなどにより省力化できるところは省力化し、多様な人材・働き方を認めながら、事業を展開するといった視点が必要です。

② 従業員および働き方の多様化（ダイバーシティ）

前段の人材不足を解消するためには、女性やシニア人材のさらなる活用が考えられます。図表Ｉ－４は中小企業における女性・シニア人材の活用状況

図表Ｉ－４　中小企業における女性・シニアの活用状況

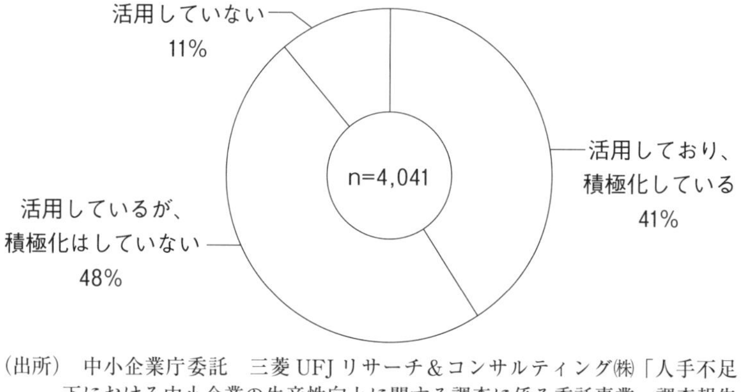

（出所）　中小企業庁委託　三菱UFJリサーチ＆コンサルティング㈱「人手不足下における中小企業の生産性向上に関する調査に係る委託事業　調査報告書」（2018年３月）をもとに筆者作成。

です。すでに活用している企業は89％にのぼり、41％はさらに積極的に取り組んでいることがわかります。

働き方の多様化を許容し、求める領域における専門人材の獲得に成功している企業もあります。首都圏郊外にある食品製造・販売を行っている企業では、商品力を高めるためにマーケティングの専門人材を求めていました。フルタイム勤務のみを対象としており、郊外という立地もあってか、当初はなかなか採用に至りませんでしたが、応募してきた女性の要望により、パートタイムも採用の対象としたところ、近隣に住む元大手企業のマーケティング部門で働いていた主婦を複数名採用することができました。その方々も自身のマーケティングの専門知識を活かしたいと考えていましたが、育児の関係で都心まで出ることがむずかしく、よい職場を見つけることができなかったそうです。このように「自社のマーケティング担当は正社員かつフルタイムで働いてもらわなければならない」といった考え方をやめ、柔軟な働き方を許容することで、より高度な専門的知識をもつ人材の採用も可能になるかもしれません。

女性、シニア、あるいは外国人労働者など多様な人材を活用するためにはさまざまな工夫や仕組みづくりが必要です。先の①で述べた「育成の仕組み」づくり同様、相応の負担が発生することになります。

しかし、今後については、これまでのように「よい商品・サービスを提供すれば事業を継続できる」というわけにはいかなくなりつつあります。先に述べたような「多様な従業員を認め、従業員にとっての働きやすさを追求すること」が重要になってきます。事業の持続的成長のために、先を見据えた体制づくりを検討すべきです。

事業承継の際には、ここまでみてきたような事業環境の変化に対応するため、企業の基盤になる部分の変革が必要になってきます。現経営者が後継者にバトンを渡すまでに、現経営者と後継者がともに企業の基盤を見直し、事業の状況にあわせて時間をかけて変革を行うことで、企業は新しい時代に適応した体制・戦略をもって次の世代まで発展を続けることができるのです。

事業承継を、企業を変革する好機ととらえ、企業の発展につなげていくことが重要です。

2　事業承継を取り巻く環境

(1)　難易度増す事業承継

近年、医療技術の発達によって健康寿命が延びたことで、人生100年時代といわれるようになり、元気に働くシニア層が増えてきています。帝国データバンクの資料に基づくと、経営者（社長）の平均年齢も年々上がり続けています。70代・80代になっても第一線で活躍している経営者も多く、豊富な実務経験に基づき、業績を伸ばし続けている企業も存在します。

しかし、経営者の平均年齢が年々上昇しているのは、単に健康寿命が延びていることだけが理由ではないと思われます。近年、事業の承継がむずかしくなり、引退したくても引退できない経営者が増えてきているということも原因の一つとしてあげられます。

では、事業承継をむずかしくしている要因は何なのでしょうか。

(2)　深刻化する後継者不在

事業承継をむずかしくしている最も大きな要因としてあげられるのが「後継者の不在（不定）」です。2018年の中小企業白書によると、60歳以上の経営者のうち後継者が不在である割合は48.7％と半数近くにのぼり、80歳以上でも３割以上が後継者不在という深刻な状況です（図表Ⅰ－５）。

なかには、事業が赤字続きで、今後の先行きも見通せず、自分の代で廃業を考えている、といった経営者も含まれているかと思いますが、最近では後継者が見つからないことを理由に、事業が黒字であるにもかかわらず廃業に追い込まれるケースも出てきており、今後も同様のケースは増加すると見込

図表Ⅰ－5　社長年代別にみた後継者決定状況

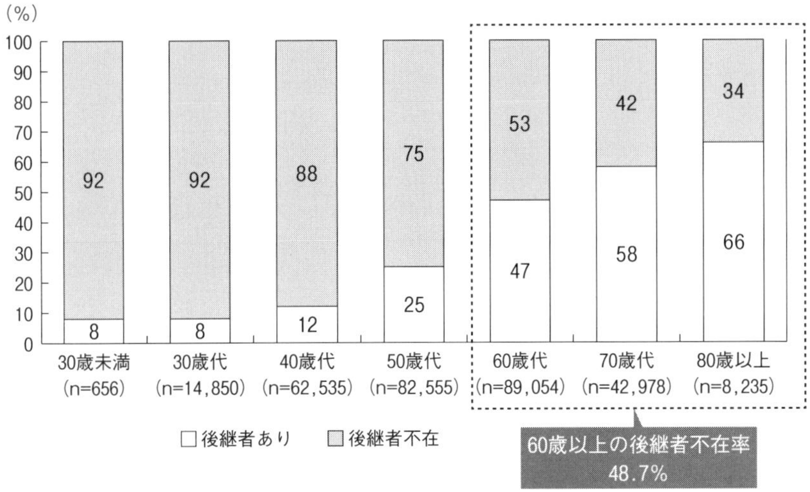

（出所）　2018年中小企業白書（同書によれば、㈱帝国データバンク「2017年後継者問題に関する企業の実態調査」（2017年11月より作成）をもとに筆者作成。

まれます。

こうした状況を回避するために、国もさまざまな支援策を打ち出していますが、後継者不在という問題は突き詰めて考えれば、そのオーナー家や事業の状況など、さまざまな要素が複雑に絡み合った結果として生じている現象です。したがって、最終的には現経営者がこの課題に真摯に向き合い、課題を一つ一つクリアしていくしかありません。

一方、後継者不足が深刻化するなか、役員・従業員あるいは社外の第三者への承継（含む株式売却）といった「親族外承継」の割合が高まってきています。2017年の中小企業庁の資料によると、親族外承継の割合は35～40年前（1975～80年頃）には7.4％でしたが、2010～15年頃には65.7％まで高まっています（図表Ⅰ－6）。

図表Ⅰ－6　経営者の在任期間別の現経営者と先代経営者との関係

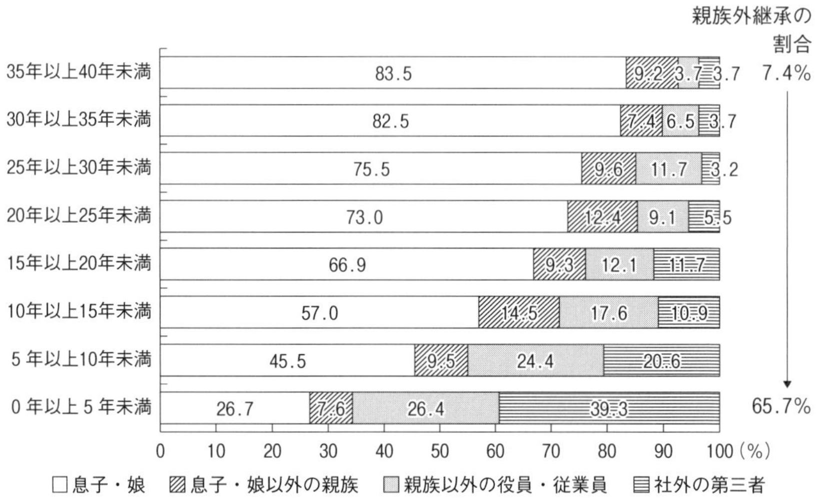

（出所）　2017年2月中小企業庁「中小企業の事業継承の現状について」（同資料によれば、中小企業庁委託「中小企業の資金調達に関する調査」（2015年12月、みずほ総合研究所㈱）（再編・加工））をもとに筆者作成。

⑶　後継者不足の背景

後継者不足の背景はさまざまですが、主な要因として考えられるのは「職業に対する価値観の変化」と「家業にかかわる親子間のコミュニケーション不足」でしょう。

一昔前までは、家業のある家庭においては「子供が家業を継ぐべき」といった考えが一般的でしたが、近年は、個人の職業選択の自由が重視されるようになり、家業があるからといって、必ずしも子供が継がなければならないという時代ではなくなってきています。いまの時代、子供にとって家業を継ぐことは選択肢の一つにすぎず、「本当にやりたい仕事であるかどうか」がとても重要な判断基準となります。親のほうも、あまり家業という枠にはめずに、子供自身の意思を尊重し、将来の可能性を広げてあげたいと考えるようになってきているのではないでしょうか。そうした考え自体が悪いということではありませんが、上記のような傾向が強くなった結果として、「後を継いで家業を守り抜く」といった後継者意識は醸成されにくくなっています。

そうしたなかでも、親が日々のコミュニケーションを通じて、家業の魅力や仕事のやりがいを子供に伝えていれば、子供も自然と家業に対する関心や理解が高まり、跡を継ぐ可能性も高くなってきます。「いずれは息子・娘に継いでほしい」という気持ちがあるのであれば、普段の生活から、親子間で家業について話をする機会をつくり、事業やお互いの思い・考えについて理解を深める努力をしていく必要があります。

家業を継ぐために、後継者は承継・相続に伴う金銭的負担や企業を率いる心理的負担を背負うことになります。職業に対する価値観や選択肢が多様化する現在においては、後継者からみると、家業を継ぐことは以前よりも相対的に高いハードルになっていると考えられます。「継ぐ」「継がない」、いずれの結論になるにせよ、時間をかけて、承継にかかわる話をしていく必要があります。

(4) 事業承継を支える動き

中小企業における事業承継の難易度が増している状況に対し、国もさまざまな支援に取り組んでいます。

① 経営面の支援

後継者不足のなか、事業を継ぎたいと思ってもらうには、事業自体の魅力度を高めていく必要があります。そのためには事業の競争力を高め、経営体制を整備する「磨き上げ」が重要です。ヒト・モノ・カネといった経営資源が十分でなく、そうした「磨き上げ」が自社単独でむずかしい企業に対しては、経営にかかわる相談窓口の設置や専門家の派遣、自社で専門家へ助言・支援を依頼する場合の費用の補助など、国や自治体がさまざまな支援を行っています。

②　税制面・金融面の支援

事業承継時の重い税負担の軽減を目的として、国は事業承継税制施策を期間限定で打ち出しています。詳細については第Ⅳ章の「4　『所有』（オーナーシップ）の視点」で述べますが、概略としては、「中小企業における経営の承継の円滑化に関する法律（以下、経営承継円滑化法）」に基づき、事業承継計画を提出して認定を受けることによって、贈与税・相続税の納税が猶予される制度です。この事業承継税制をうまく活用することによって、事業承継にかかわる税負担を大幅に軽減することができます。

また、経営者の大きな負担となっている「個人保証」の問題を解決するために、国は「経営者保証に関するガイドライン」を定めています。このガイドラインは自主ルールではありますが、一定の要件を満たす場合には、既存の保証契約の解除や適切な保証金額への見直しを金融機関に求めて交渉することができるとしています。

現経営者は、このような国の事業承継支援策について理解を深め、どのような支援を受けることができるのかを早い段階から検討し、必要に応じて、計画に織り込んで活用することも考える必要があります。

II

事業承継・ファミリービジネスを考えるうえでの基本的な視点

この章では、事業承継の全体像ととりうる選択肢、検討における重要な三つの視点、そして承継を円滑に進めるための事業承継計画策定の重要性を述べていきます。

1 事業承継の全体像
―事業継続に必要な「信頼」を承継・醸成する―

この章以降、事業承継に必要な検討・取組みについて、さまざまな視点から述べていきますが、その前提として、本書のなかでの「事業承継」とは何かということについて定義をしておく必要があります。

われわれは、事業承継を「現経営者が後継者に対して事業継続に必要な『基盤＝信頼』を引き継ぎ、醸成すること」だと考えています。

承継の核となる「基盤」とは二つです。

一つ目は実際の事業経営を引き継ぐ「経営の承継」です。次世代の核となる後継者を選定・育成し、将来に向けた継続・成長を実現するための戦略を描き、人材や組織体制・仕組みを承継・再構築していく取組みです。

二つ目は法律上、企業のオーナー・所有者としての立場を担保する「株式（資産）の承継」です。承継後のあるべき株主構成・資本政策を定義し、相続税等の承継に係るコスト負担をできる限り抑えながら承継を行う方法を検討・実行していきます。

上記をオーナー家親族の意向もふまえながら、着実に進めていくことが重要です。

事業承継において、最も重要なのは一つ目の「経営の承継」です。世の中で「事業承継」というと、とかく「株式の承継」やそれに伴う相続税対策が取り上げられます。しかし、後継者が決まらなければ「資産の承継」を考えることはできませんし、経営＝事業自体の存続・成長がなければ、「資産の承継」の意味自体が失われてしまいます。

また、「株式の承継」はいわば法律上の手続きですので、税理士などの専門家にある程度、任せることが可能です。一方、「経営の承継」は実際の経営にかかわる事項であり、必要に応じて外部専門家の力を借りるにせよ、現経営者・後継者が核となり、主体的に取り組む必要があります。

事業承継においてもう一つ重要な視点は、承継は単に「引き継ぐ」ことだけではなく、後継者が自らに対する「信頼を醸成」することが不可欠であるという点です。

本質的な「事業承継の成功」とは、これまで現経営者が培ってきた、事業継続に必要な従業員や顧客、取引先、金融機関等のすべてのステークホルダーからの「信頼」が「後継者」にも引き継がれ、与えられることです。

「信頼」とは、すなわち「この会社は経営者が変わっても大丈夫。引き続き成長が期待できる。引き続き、この会社で、あるいは一緒に事業に取り組んでいきたい」というお墨付きです。

この「信頼」は、単に「株式」や「企業組織」をそのまま承継することでは生まれません。たとえば、創業者である現経営者から後継者への承継の際には、単純に株式や企業組織を引き継ぐだけでは、ステークホルダーからの信頼が得られないことは容易に想像できます。現在は名経営者として知られるユニ・チャームの高原豪久社長ですが、創業者である故高原慶一郎氏から社長を引き継いだ直後に株価が4割下落した、という話もあります。

当然、経営トップとしての実績がない状態で引き継ぐので、その時点で現経営者とまったく同じ「信頼」を得ることはむずかしいですが、少なくとも大きな不安を抱かせない状態でなければなりません。

そのためには、将来の事業環境や後継者自身の特性（現経営者との考え・経営スタイルの違い）をふまえながら、「信頼」を醸成していく取組みが必要です。もちろん、本格的な醸成は承継「後」のことですが、承継のタイミングにおいても、「信頼」の醸成のための取組みを進めていく必要があります（図表Ⅱ－1）。

図表Ⅱ－1　事業承継の全体像――あなたの会社はどこまで準備できていますか？

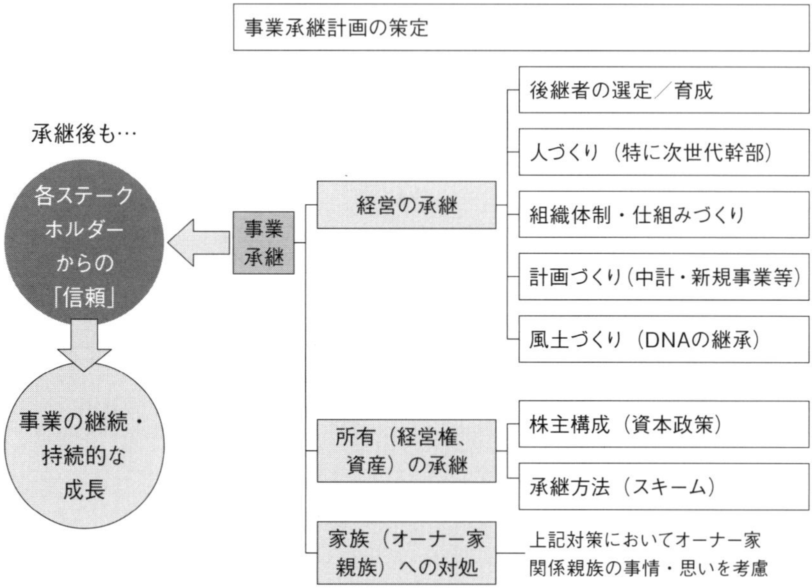

2　事業承継における選択肢（親族内承継／親族外承継／M&A）

事業承継は、後継者の属性により、大きく三つのパターンに分けられます。

一つ目は現経営者の息子・娘、甥・姪などを後継者とする「親族内承継」と呼ばれるパターンです。現経営者が引退する時点で「後継者」が若く経験も少ない場合には、一時的に別の人物が「経営者（社長）」となり、適切な時期に「後継者」に承継する、といったパターンもこの一つと考えられます。

二つ目は上記のような親族以外の人物を後継者とする「親族外承継」と呼ばれるパターンです。この「親族外承継」についてはさらに、社内の役員・従業員から後継者を選ぶパターンと社外から後継者を招聘するパターンとに分かれます。

・承継後の「目指す姿」・課題の整理 ・取り組むべきこと・スケジュールの設定	（主に）第Ⅳ章、第Ⅴ章
・後継者（候補）の選定・育成 ・後継者の意思確認・合意形成	（主に）第Ⅲ章
・幹部候補の選定・育成 ・経営チームとしての関係性構築 ・次世代経営体制の構想 ・体制実現に向けた組織・仕組みの整備 ・次世代に向けたビジョン・計画づくり ・新たな事業の構想・推進（試行） ・承継すべきDNAの明確化 ・新たに獲得すべき風土の醸成	（主に）第Ⅱ章　23〜27ページ 第Ⅳ章　64〜81ページ 第Ⅴ章　140〜145ページ
・経営安定化・実現性からみた あるべき資本構成の検討・構築 ・効率的・効果的な承継方法（スキーム）の選定	（主に）第Ⅱ章　27〜29ページ 第Ⅳ章　82〜122ページ
・オーナー家としての役割の継承 ・関係親族内での合意形成	（主に）第Ⅱ章　29〜31ページ 第Ⅳ章　123〜128ページ

三つ目は企業自体を他社（者）に譲渡・売却するパターンです。また、数は少ないと思いますが、企業の所有権を手放す、という意味では現経営者の引退を機に上場する、といったことも同パターンの一つです。

一般的には、現経営者は自身がつくりあげた、あるいは親や親族から受け継ぎ守り抜いた企業を引き続き親族に継いでほしいという気持ちが強いと思います。一方で、第Ⅰ章において述べたように家族観・仕事観が多様化するなかで、「家業を継ぐ」人（親族内承継）は少なくなり、実際のデータにおいても、「親族外承継」「他社（者）への譲渡・売却」といったパターンの事業承継が増え、過半を占める状況となっています。

事業承継において重要なのは、これらの複数の選択肢のなかから「時間をかけて」「関係者の合意形成を徐々に図りながら」自社に最善の方法を選ぶことです。そもそも「後継者」となる人物、自社を「引き受けて」くれる他社（者）が見つからなければ元も子もありませんが、上記三つのパターンにはそれぞれメリット・デメリット、留意すべき点があります。これらをふまえ、承継の方針を決める（絞り込んでいく）必要があります。

ここからは先に述べた三つのパターンについてそれぞれのメリット・デメリット、留意点をあげていきます（図表Ⅱ－2）。

図表Ⅱ－2　事業承継のパターンとメリット・デメリット、留意点

パターン			概要と留意点	メリット	デメリット
1	親族内承継		✓現経営者の息子・娘または娘婿等の親族が後継者となるパターン ✓兄弟（姉妹）がいる場合には、後継者の選定方針を明確にする ✓株式の承継は経営の安定と財産相続の両面から検討が必要	✓後継者を早期に決定することができれば、後継者数育等の準備期間を長期に確保することができる ✓他の方法に比べて、内外関係者から、心情的に受け入れられやすい	✓後継者の経営者としての能力に著しく問題がある場合、経営に支障をきたす場合もある
2	親族外承継	内部昇格	✓社内の役員・従業員が内部昇格し、後継者となるパターン ✓社内の重要関係者、親族に対して、後継者の選定基準を明確にし、合意形成を図ることが重要	✓親族内に適任者がいない場合でも、会社内から候補者を求めることができる ✓特に社内で長期勤務し、有能な役員・従業員に承継する場合は、経営の一体性を保ちやすい	✓後継候補者に株式取得等の資金力がない場合が多い。後継候補者の資力に応じて、MBOの活用等も検討する必要がある
		外部招聘	✓経営の専門家として社外から後継者を招聘するパターン ✓現経営者の考えを理解し、経営を任せられる人材の採用が重要 ✓役員・従業員や親族に意図・背景を明確に伝え、理解してもらうことが必要	✓新しい視点を経営幹部に与えることで、経営革新をリードすることが可能となる	✓長期に社内に勤務する役員・従業員と考えがあわず、混乱を招く可能性がある
3	企業の売却		✓企業を他社（者）に譲渡・売却するパターン ✓オーナーや企業の従業員にとって「よい」先を探す必要がある	✓後継者が見つからなくても、企業の存続が可能になる ✓オーナーの引退資金確保も可能になる	✓「よい」売却先が見つからない可能性がある ✓（売却先・経営方針によっては）役員・社員離職の可能性がある

まず、「親族内承継」のメリットとしては、若いうちから時間をかけて「後継者育成」に取り組むことができる点があげられます。早期に育成に取り組めれば、社長になる時期も早めることができ、年齢の高い社長に比べ、精力的な経営ができる可能性があります。また、現経営者の親族が後継者となると事業承継としては一般的な流れととらえられ、社内外の関係者の反対や後継者争いなどが生じにくいといったメリットがあります。

一方でデメリットとしては、親族というだけで後継者を選ぶことになるため、経営者としての能力の評価は十分でなくなる可能性があります。また、兄弟姉妹など複数の親族がいる場合には、承継後の企業内での役割や株式・その他の資産相続において十分な配慮・検討のうえ、方針を決める必要があります。

次に「親族外承継」のメリットですが、社内から選ぶ場合には特に一定の実績・評価がある人物が承継するため、比較的従業員等の同意・共感が得やすくなります。社外から招聘する場合には、当然ながら社内の信頼・評価はないため、招聘後、いきなり承継するのではなく、しばらくの間（2～3年）、経営者としての適性・能力や企業・従業員等との適合度合いを見極める期間を経て、承継を行う必要があります。

一方、デメリットは親族外承継において所有権（株式）も後継者に承継する場合は株式買取り等の資金調達ができるかどうかには懸念が残ります。また、銀行からの借入れ等に対し、オーナー企業特有のトップの個人保証を引き継げるかといった問題もあります。

大きなハードルになるケースが多いのは、上記のような必要条件をふまえたうえでの後継者（候補）の「覚悟」です。上場企業と比較して、オーナー企業の場合はオーナーの「権限」とともに実質的な「責任」が非常に大きなものになります。実際にわれわれが支援する企業においても、オーナー経営者あるいは企業のために一生懸命働くが、自身がオーナーとなり企業を引っ張っていくというのはむずかしい、というほうが「親族内承継」に比べ、非常に多いように感じます。

「親族内承継」の後継者に比べ、もともとオーナー経営者としての意識をもっていなかった役員・従業員の心のなかにその「覚悟」を醸成することが最も大きな課題であると思います。

社内外の関係者が納得・共感できる（ある程度）明確な基準をもって後継者を選び、本人の「覚悟」を確認したうえで、所有権の承継対策などを十分に考慮し、このパターンを選択する必要があります。

三つ目の「他社（者）への譲渡・売却」ですが、このパターンは上記二つのパターンの実現がむずかしい場合に選ばれることが多いと思います。

当然ながら、譲渡・売却先が働き続ける役員・従業員にとって「よい」会社（人）であることが必須条件となります。譲渡・売却した後は現経営者の影響力はかなり小さいものになります。長年付合いがあり、お互いによく知った取引先などが「引受け先」として手をあげてくれればよいですが、金融機関などを通して引受け先を探す場合には、これまでまったく取引も付合いもなかった企業に譲り渡すことになります。その場合は企業や従業員の将来も考慮し、譲渡・売却の条件を明確にしたうえで交渉し、引受け先を決める必要があります。

ほかのパターンでもいえることですが、特に「他社（者）への譲渡・売却」という選択肢を選んだ場合、絶対に後戻りはできません。従業員・顧客・取引先、親族やオーナー自身にとって最善の選択か熟慮を重ねたうえで選択・決定する必要があります。

なお、本書ではこの「他社（者）への譲渡・売却」は解説の対象外とし、親族内承継（および親族外承継）を中心に話をしていきます。

3　事業承継（ファミリービジネス経営）に必要な三つの視点

先に述べた事業承継のパターンも含め、事業承継、ひいてはファミリービジネス（オーナー企業）経営を考える視点は大きく三つあります（図表Ⅱ－3）。

図表Ⅱ－3　事業承継に必要な三つの視点（スリーサークル・モデル）

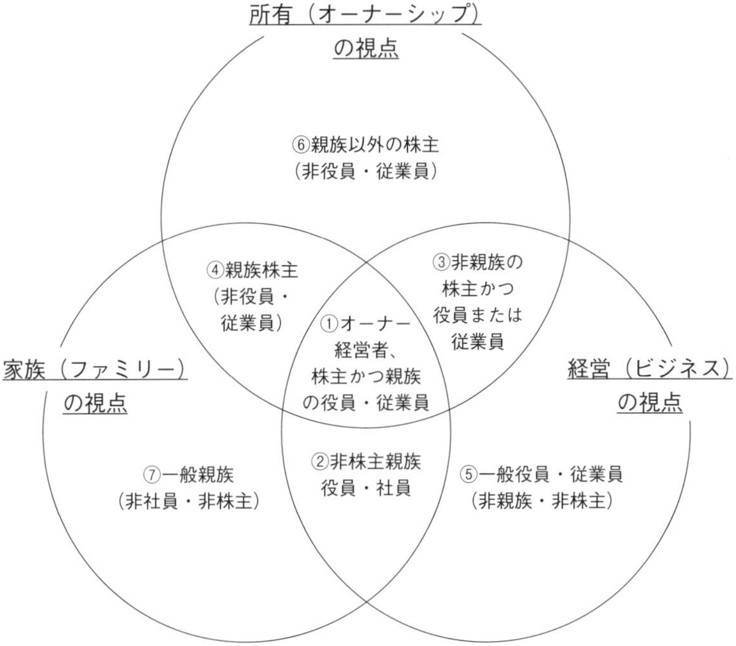

（出所）　Gersick, et al.（1997）Generation to Generationをもとに三菱UFJリサーチ＆コンサルティング作成。

一つ目は「経営（ビジネス）」の視点です。企業の経営、事業の運営をどのようにしていくのか、という視点です。

二つ目は「所有（オーナーシップ）」の視点です。後継者や親族、役員・従業員（持株会）などを含め、オーナー＝株主の構成をどのようにするのか、という視点です。

三つ目は「家族（ファミリー）」の視点です。オーナー（創業）家として、企業の経営や所有においてどのようにかかわっていくのか、かかわっていかないのか、また家族内の役割分担をどのように承継していくのか、という視点です。

図表Ⅱ－3のようにオーナー企業にかかわる内部の関係者は七つのポジ

ション（位置づけ）に分類されます。

一般的に現経営者は最大株主であり、経営トップ（社長）であり、「創業家の長」的な役割を担っています。このような状態の場合はオーナー企業の経営体制としては安定した状態であるといえます。

事業承継においては、この各々の役割・ポジションが大きく変わり、安定的な状態から「揺らぎ」が生じます。適切な方向づけや関係者の合意形成ができていないと、この段階で大小さまざまな「混乱」が生じることになります。「揺らぎ」が生じる以上、「混乱」がまったくない状態で進むということはありませんし、新たな後継者による確固たる経営体制を築くために早い段階で多少の揺らぎがあったほうがよい場合もあります。

しかし、企業存続の根幹を揺るがすような「混乱」は絶対に避けなければなりません。

複数の後継者（候補）による後継争いや承継後の経営推進への非協力・妨害、親族内で相続すべき資産の一部でもある株式の授受に関する親族内の諍いなど、その類は多岐にわたります。これらを防ぐ（最小限に抑える）ためには、この三つの視点を網羅的かつ関連性を紐解きながら課題を洗い出し、着実に対策を講じることです。

本来は企業の「所有」「経営」の話と「家族」の話は切り離して考えるべき、という指摘もあります。この指摘はそのとおりで、ある意味「客観的」「合理的」な「理」に基づく判断のもと、差配すべき「経営」「所有」の領域と、どちらかといえば「情」に基づき、互いに影響しあう「家族」の領域は、本質的に異なる領域であるという見方もできます。

しかし、それはオーナー企業の場合は非常にむずかしいといえます。特に「所有」の根幹となる株式については、オーナー家全体の相続資産という側面もあります。企業経営への関与の有無にかかわらず、オーナー家親族にとっては非常に大きな関心事です。

また、企業「経営」のトップに立つかどうかというのは親族内でのポジションにも大きく影響することであり、兄弟姉妹や従兄弟姉妹同士といった間柄では互いのプライドから後継争いにつながることもあります。

親族の間には、よくも悪くも潜在的に互いへの「依存心」「甘え」のようなものがあると感じます。血のつながりのないビジネスマン同士であれば、何かあれば冷静に話合いをしながら「落としどころ」を見つけるというのが通常の行動です。が、親族同士になると経営の話においても「なんでわかってくれないんだ」「わかってくれないあいつが悪い」となり、溝が深くなってしまうケースがあります。また、血のつながりがなければ一度の諍いが長く続くことはあまりありません。たとえば、上場企業の現社長がなんらかの理由で解任されたとしても、その相手に恨みをもって何年も追いかけまわしたり、相手の取組みを妨害したりということはみられません。しかし、オーナー企業の場合は親子や兄弟姉妹の諍いがもとで一つの会社やその役員・社員を分けることになったり、互いに訴訟を起こし、何年も争い続けたりするといったことが散見されます。経営にかかわる人々がそのような状態では事業自体もうまくいくはずがありません。事業承継というタイミングはこういった「諍い」が最も起こりやすいタイミングであり、だからこそ、慎重に臨む必要があるのです。

一方で、経営にかかわる親族のなかで目指す方向が一致し、互いの役割を確認・尊重できれば、オーナー企業の経営はより強固なものとなり、新たな環境変化にも迅速に的確に対応できるようになります。親族の「情」がよい方向に向かえば、非常に大きな力になります。

事業承継はこういった次世代に続く、「新たな経営体制」づくりととらえ、取り組むべきです。

以降では「経営」「所有」「家族」、この三つの視点について解説をしていきます。

(1) 第一の視点：経営（ビジネス）の視点

第一の「経営」の視点は企業の経営・事業運営の承継にかかわる検討の視点で、スリーサークルのなかで最も重要な視点です。この視点が承継を考える起点となります。

最初の検討として最も重要なのはやはり「後継者」です。経営の核となる次の「経営者」を誰にするのか、親族内承継か親族外承継か、あるいは何人か候補者がいたとして、いつ、どのような基準で評価し、本人の意思確認を含め、いつ頃までに決定するのか、などを徐々に想定しておく必要があります。

また、現状の市場環境や顧客動向から既存市場・顧客の「先行き」を「量」（需要量・市場規模）と「質」（顧客ニーズの内容）から想定し、次世代（承継後）に向けた事業戦略・方向性を後継者（候補）とともに検討していかなければなりません。第Ⅰ章で述べたように、特に国内においては需要の基盤となる人口が減少の一途をたどります。当然、業種・業態、事業領域にもよりますが、いままでの事業を継ぎ、粛々と続けていけばよいという状況ではなくなりつつあります。そのなかで、既存の事業をどのように発展・進化させ、新たな顧客や事業を開発していくのかが最も大きな論点になります。

次世代の事業戦略や方向性の検討とともに並行して進めるべきなのは、後継者を支える次世代経営幹部の育成です。創業者は別にして、２代目以降は基本的には、後継者を中心として複数の経営幹部で役割分担をし、経営を行っていく体制をつくっていく必要があります。中核となる経営者の特性（攻め＝営業が得意か、守り＝管理が得意か、保守的か、革新的か、など）もふまえ、相性やバランスを考慮しながら、人材の選抜・育成、体制づくりを進めていくことが重要です。基本的には、社内の候補者から選抜を行うことになると思いますが、現在の活躍状況がそのまま続けられるとも限りません。従業員数が少なく、候補者が限られるという企業もあるかもしれません。現在担っている業務・ポジションから一段も二段もあがり、経営陣の一人として企業を背負っていけるかどうか、慎重に見極めを行う必要があります。

さらに、次世代の事業戦略や経営体制が明確になってきた段階で組織運営や意思決定の仕組みの再構築も検討する必要が出てきます。特に、創業者から２代目への承継の場合は、やり方を大きく変える、あるいは仕組みを整えなければならない企業が多くみられます。創業者が経営者であるときには組織体制・ヒエラルキーはあるものの、些少な金額の決裁まで経営者が行い、部長などを飛ばして、独断で現場にまで細かく指示を出して組織を動かす、「ワントップ」状態にあることが大半です。そのようなことができるのは、創業者社長が企業の成長の過程をすべて自身で経験し、営業・製造等の各現場や従業員や意思決定のポイントを掌握しているからです。いきなり成長後の企業の経営者として重責を担わなければならない2代目後継者においては、当然ながら一人で同じことをこなすのはむずかしくなります。したがって、組織的に顧客との接点をマネジメントし、情報を共有しながら、意思決定を行う仕組みや制度、体制づくりが不可欠です。

加えて、「経営」においては「人に動いてもらう」ことが大前提です。上記同様、創業者はカリスマ的な魅力や企業を成長させてきた実績があり、役員・従業員は、よくも悪くも「社長のために働きたい！」「社長のいうとおりにすれば企業も成長する！」「社長に認めてもらえば自分の給料もよくなる！」と「動いてくれて」いたと思います。

一方、承継後については後継者の思いや考え方・判断基準がよく理解できていません。結果として「どう動いたらいいのかわからない」「（方針や社長の考えがはっきりわかるまで）様子見だ」といった具合に社員の動きが鈍くなってしまいます。しかし、（全体がみえていない）後継者が個人的な考えによって人事評価や昇降格を決めてしまっては、社内は不信・不安に陥り、企業の停滞を招きかねません。そういった意味では「人に安心して動いてもらう」ための人事制度の構築（見直し）も一つのポイントとなります。

もう一つ、経営の承継において重要なものがあります。それは企業の「DNA」（その企業「らしさ」や特徴的な風土）の承継です。オーナー企業は特に創業者の「創業の思い」「事業へのこだわり」「商売に対する基本的な考え方・姿勢」などを「社是」「社訓」「行動指針」「ウェイ」といったかたちで明文化し、社内で共有しているケースが多くみられます。日本国内には創業100年以上経過したいわゆる「100年企業」が3万社あり、その大半がこう

図表Ⅱ－4　「経営（ビジネス）」の承継において必要な取組み

事業承継関連ソリューション

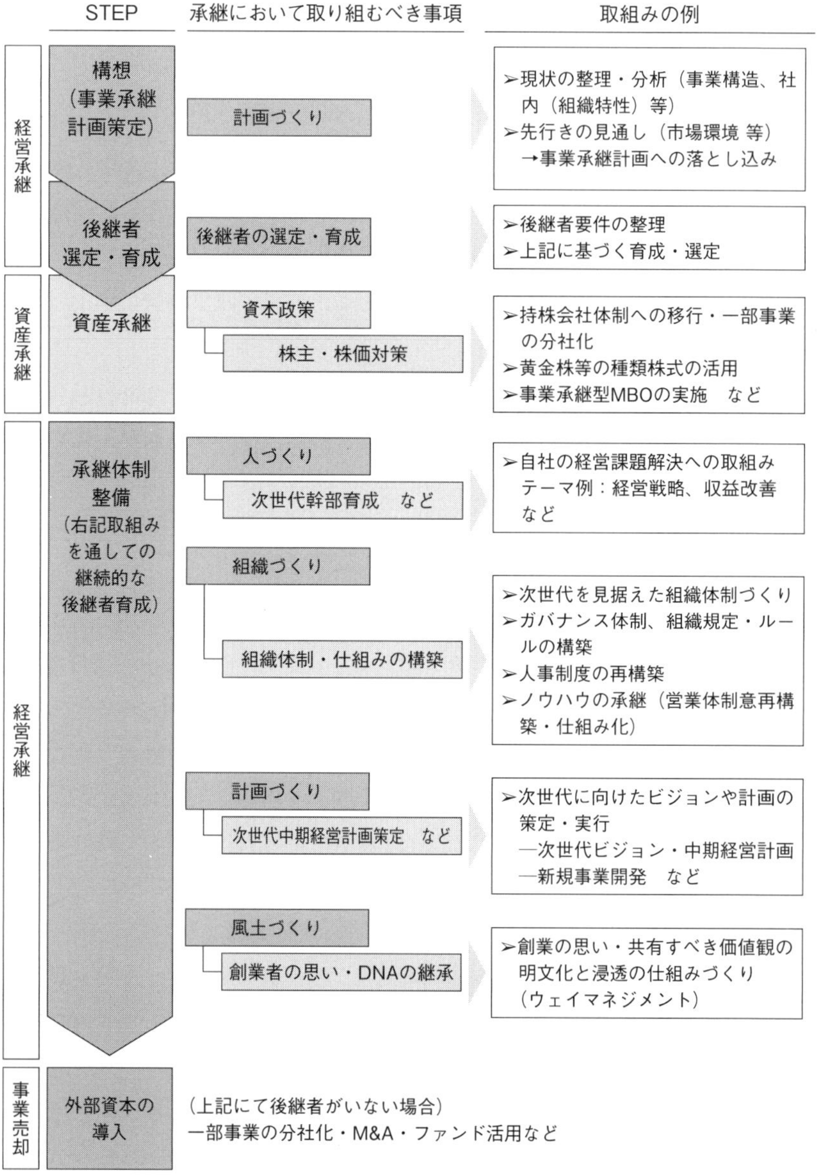

いった独自の価値観を明文化し、承継しているともいわれています。

企業を自動車にたとえるのであれば、経営戦略や計画はどこへ向かうかを定め、コントロールする「ハンドル」、人材や組織、そのなかでの価値観の共有というのは、戦略や計画を実行・推進する「エンジン」であるともいえます。戦略や計画だけで実行なくしては企業の理念やビジョンの実現はありえません。もちろん、エンジンも進化させていく必要があります。事業承継を機に、よきDNAを承継し、新たに必要なDNAを加えながら、組織風土も進化させていかなければなりません（図表Ⅱ－4）。

⑵　第二の視点：所有（オーナーシップ）の視点

第二の「所有」は経営上の安定に配慮しつつ、株主構成を定め、コストを最小限に抑えながら、承継を行うことが重要です。

まず、企業の「所有」という観点では、後継者を軸として誰がどれくらいの株式をもつのかという株主構成と、その株式の承継をどのように実現するかという承継スキーム、の二つが大きな論点になります。

まず、株主構成を決めるポイントは「経営権の安定」と「資産としての株式の配分」「最悪の事態の想定」の３点です（図表Ⅱ－５）。

一つ目の「経営権の安定」という意味では、最終意思決定者である後継者（次のオーナー経営者）への「一子相伝」、他からの妨げを受けることなく、

図表Ⅱ－５　「所有（オーナーシップ）」の承継にかかわる留意点

●承継後に「目指す姿」＝株主構成を以下を考慮し考える
□経営権の安定
・経営を停滞・混乱させないよう議決権を後継者に集約する
□資産としての株式の配分
・関係親族の意向をふまえ配慮する
□最悪の事態の想定
・現状ではなく「最悪」の状態を前提として総合的に検討する
●上記および現状をふまえ、承継の方法（スキーム）を考える

企業経営において混乱なく迅速な意思決定・業務の遂行ができるよう、株式の過半数以上、できる限り多くの株式をもつことが望ましいといわれています。

後継者の経営者としての判断能力に不安がある場合には「独断専行」を許すことになるため、企業自体の存続に支障をきたすことになりますが、（普通に考えれば）そもそも、そのような能力が不足した人が後継者に指名される可能性は低いと思われます。

一方、二つ目の「資産としての株式の配分」という面でみると、兄弟姉妹がいたり、所有する企業に属している兄弟姉妹・親族が複数にわたったりする場合には「一子相伝」は悩ましい選択です。企業経営への参画意識や業績向上など成果が出た場合の「報酬」は多少の差はあっても、関連するすべての親族が受け取れるようにしたいというのが親心・先達たる親族の気持ちでしょう。実際にわれわれが支援するオーナー企業においても、企業に属する複数の親族に対して均等に株式を承継する企業もあります。「いまも互いに協力しあい、企業全体の成長のために（兄弟姉妹・親族）皆、頑張ってやってくれている。今後も彼らを信じて全員に託したい」とおっしゃる現経営者の方もいます。

しかし、本当にそれで大丈夫でしょうか、というのが三つ目の「最悪の事態の想定」という論点です。当然ですが、事業承継で考えるのは、「現時点」についてではなく、「将来」に対してです。時間の経過のなかで、企業内外の環境は変化し、兄弟姉妹・親族の考え、相互の関係性も変わります。「将来も協力しあい、企業の成長に尽くしてくれる」のは理想ですが、万が一、そうでなくなった場合はいかがでしょうか。会社の方針をめぐって、互いの株主としての権利を主張しあい、他の役員・社員を巻き込んだ「お家騒動」に発展しかねません。その時点で後継者が「経営に影響があるから株を渡せ」といっても、「後の祭り」です。

「最悪の事態の想定」についてはもう一つ、ポイントがあります。それは特に親族内承継の場合、可能な限り早いタイミングで方針を決め、遺言書などに記しておくということです。それは、現経営者の急逝といった「最悪の事態」に備えるということにほかなりません。先に述べたように株式は会社の所有権でもあり、親族にとっての相続資産の一部でもあります。万が一の事態が起きれば、株式がオーナー経営者や企業の意図に関係なく、親族に分散相続されるといった事態にもなりかねません。

最終的に意思決定を行う現経営者にとっては非常に心苦しい、悩ましい課題でありますが、将来生じうる「最悪の事態の想定」に基づき、重ね重ね慎重に判断する必要があります。

もう一点、「所有」（オーナーシップ）の承継については、検討すべき点があります。それは、株式の承継にあたってのルールについては現世代→次世代への承継だけでなく、今後のｎ世代→ｎ＋１世代の承継も対象に代々共通のルールを定めてしまうということです。

株式は資産であり、資産＝金銭の相続はオーナー企業にかかわらず、いつの時代もトラブルのもとになります。創業者から子（兄弟姉妹）の世代、その孫の世代と世代を経るに従い、望むと望まないとにかかわらず、事業承継において関与しうる人間はどんどん増えていきます。人が増えれば、その分、承継にかかわるリスクも高まります。そのつど、ルールや方針を変えれば、そのルール・方針決定に嘴をはさむ人が多くなり、これもリスクを増大させる要因となります。これらを防ぐため、オーナー家としての株式の承継ルールを決めてしまい、リスクを未然に防ぐというのも一手です。

⑶　第三の視点：家族（ファミリー）の視点

第三の視点では「経営」「所有」とあわせて、「家族（ファミリー）」＝オーナー家親族内の役割の承継をどのようにすべきか、ということが大きな論点です。

まず、企業の役員または従業員としてかかわる親族ですが、後継者も含め、そもそも企業に属するかどうかは、本人の意思によるところが大きいと思います。最初から決まっている親族内の後継者は別にして、他の親族の参加に関する方針は企業によってさまざまです。同族企業として経営陣の結束力を高めるため、親族を経営の中核に集める企業もある一方で、400年以上の歴史をもつある企業においては、経営に多様性や客観性をもたせるために、あえて後継者以外の親族が所有の企業に属することを禁じています。万が一、後継者以外の親族が事業をやりたい、という場合には当初の資金の拠出のみ行い、それぞれ独立した企業・経営を行わせるといった方針の企業もあります。また、親族の入社は本人の意思で自由、昇格昇進も本人の実力次第、といった企業もあります。

本人の心情はどうであれ、オーナー企業においては、その親族はよくも悪くも「特別な」目でみられます。本来は先に述べた400年企業のように親族にも社員にも明確な方針・ルールを示せればよいですが、企業の状況上、やむをえない場合もあります。いずれにしても、他の役員・従業員に不信感を抱かせないよう、配慮することが必要です。

もう一方で、さらに配慮が必要なのは、関与しうる親族です。これまでの経緯から自身や自身の息子・娘は企業に属し、しかるべきポジションを与えられて当たり前、と考える親族もいる可能性があります。一昔前であれば、家長でもある、オーナー経営者が一言いえば本心はともかく、大きなトラブルに発展することなく事がすんでいました。現在では、核家族化が進み、家族ごとの価値観やオーナー家全体での統制力は実質的に低下傾向にあると思います。また、血のつながった親族だけでなく、その夫・妻も含めるとさまざまな考え方をもった人間が関与しうる立場にあるということになります。企業自体にはかかわらないにしても、先に述べた株式＝資産の承継においては、一方的に自身の権利を主張したり、それが受け入れられなければ訴訟等の実力行使に出たりする、といったケースも考えられます。

こういったリスクを低減するためには、日頃から親族と定期的にコミュニケーションをとり、事業承継だけでなく、企業とオーナー家親族のかかわり方・方針について、少しずつでも合意形成を行っておく必要があると考えます。

経営や企業にかかわる承継がうまくいっていても、それによって、家族・

親族との関係性が悪化してしまうのは、現経営者や後継者個人にとっては非常に辛いことだと思います。

われわれが支援する企業においても、承継するにはしたが、その過程で元オーナー経営者夫婦と後継者の関係が悪化し、結果として引退した後も「孫にも会わせてもらえない」と嘆いている方もみられました。お互いに新旧の経営者として多少の意見の違い・摩擦があるのは仕方がないことだとはいえ、懸命に企業を背負ってやってきて、なんとかバトンを渡した末に、幸せとはいえない状況に陥ってしまうことは誰も望まないでしょう。

こういった状況を招かないためにもオーナー家・家族の視点も十分に考慮しながら、承継を検討すべきです。

4 企業（事業）と家族を幸せにする、円滑な承継のために

ここまで、ファミリービジネス（オーナー企業）経営の基本的な視点である「スリーサークル・モデル」に沿い、各視点における検討のポイント、留意点を解説してきました。

先に述べたように、事業承継は、避けて通ることのできない「揺らぎ」のタイミングであり、さまざまな視点から検討された方針・方向性に基づき、着実に進めなければ「円滑な承継」は実現できません。

現経営者・後継者を含めた親族の関係性悪化、経営にかかわる意思決定の停滞、有能な社員の退職、業績の悪化など、「事業承継」をきっかけに「経営」や「家族」の状態が悪化してしまうというのは残念ながら、多くのオーナー企業でみられる現象です。

このように事業承継が「うまくいかない」要因として最も大きく、最も多いのは「関係者間のコミュニケーション・合意形成不足」です。

後継者の経営手腕のまずさ、株式の承継スキームの考慮不足など、他の要因によるものもありますが、元をただせば、現経営者と後継者やその兄弟姉

妹間の承継後の経営方針のすりあわせ不足、相続関係者との合意形成が不十分であったなど、コミュニケーション・合意形成不足に起因する事例が多くみられます。

もちろん、事業承継は先に述べた三つの視点、「経営」「所有」「家族」、どの視点においても非常にセンシティブなテーマであり、現経営者のなかに何か考えがあっても、関係者とはいえ、気軽に話ができない内容であるというのも理解はできます。

また、自身が人生をかけて背負い、育ててきた企業あるいはそこにいる社員も含め差配できる「権限」を手放すのに寂しさや抵抗を感じる、その後を任せる後継者に対しても「本当にこいつでいいのか」という迷いがある、といった気持ちも同様です。

親族内承継が望めず、役員・社員等への親族外承継の場合はいきなり承継の話をすると、かえって本人や社内に不安を抱かせてしまうというおそれもあるでしょう。実際にそういった傾向はあると思います。

一方で、先に述べたように「何もいわなくても、いずれは息子・娘が継いでくれる」といった環境ではありません。現経営者の皆様もそれを認識したうえで、（潜在的なものも含め）大きな不安を感じていると思います。現経営者が不安を感じているということは、他の関係者も不安を感じているに違いありません。現経営者が年齢を重ねるにつれ、表には出なくても、関係者にも徐々に不安が広がっていきます。

そのような不安を生じさせないためにも、先に述べたとおり、事業承継についてはさまざまな可能性・選択肢を、時間をかけて検討し、自社（役員・従業員、顧客や取引先、自身の家族・親族）にとって最善と思われる方法を選び抜く必要があります。

そのためには、現経営者が早い段階から十分配慮しながら、時間をかけて、徐々に後継者（候補）をはじめとする主要関係者に、自身の思いを伝え、相手の思いも聞きつつ、方針を定め、合意形成を図ることが不可欠なのです。

コラム❶

100年企業の事業承継

日本は創業100年を超える長寿企業が３万社以上存在する、世界でも類をみない長寿企業大国です。長寿企業において、どのような事業承継が行われてきたのか、三井家のケースをみてみましょう。

三井家の家業の始まりは、三井家の元祖である三井高利が「三井越後屋呉服店」（後の三越）を1673年に江戸に開業したことにさかのぼります。当時としては画期的な「店前売り」「現銀掛け値なし」「切り売り」「仕立て売り」といったビジネスモデルを導入し、後に越後屋は「一日千両を売り上げる」といわれるほどの繁盛店となりました。一代で莫大な財産を築いた高利は、相続の際に事業や財産を子供たちで分配するのではなく、一族の共有財産とし、兄弟に権利の割合を定めました（身上一致）。そうすることで兄弟が争うことなく、三井一族（同苗）が一致団結して事業を継続する仕組みを残したのです。

高利が亡くなり、長男である高平の代になると、さらに店は増え、事業も多角化して運営が複雑になってきたため、それらを統括する機能として「大元方」を創設しました。現代のホールディングカンパニーの機能です。大元方の持分は三井家の各当主が所有し、その運営は三井家同苗と使用人の重鎮の合議によって行われました。そして高平の代に、家族として守るべきルールや心構え、そして事業の基本方針を取りまとめた「宗竺（そうちく）遺書」を制定し、家憲（ファミリールール）として歴代の三井家によって300年以上守り継がれていきました。宗竺遺書では、三井同苗の精神（一族の結束）や、各人があるべき心構え、リーダーとして身につけるべきことなどの精神的な訓示だけはなく、実務的な事項として、事業を営むうえで気をつけるべきことや収益の配分方法など、全体で約50項目が記されています。

三井家のルールの主な項目をスリーサークル・モデルの三つの視点で整理してみると、三つの視点の要素が相互に関連しあっていることがわかります（図表Ⅱ－６）。すなわち事業を長きにわたって継続していくには、それぞれをバラバラに考えるのではなく、関連を考慮しながら、三つの視点から幅広く考えていくことが大切です。

図表Ⅱ－6　三つの視点別　三井家のルール

三つの視点	三井家のルール
経営の視点	・大元方の設置 ・大名貸しをしてはならない。その回収は困難で、腐れ縁を結んでだんだん深くなると沈没する破目に陥る。やむをえない場合は小額を貸すべきであり、回収は期待しないほうがよい。 ・商売には見切りが大切であって、一時の損失はあっても他日の大損失を招くよりは、ましである。
所有の視点	・身上一致の精神（家の財産を一族の共有財産とする） ・大元方が共有資産を一括管理 ・毎年の収入の一定額を積立金とし、その残りを同族各家に定率に応じて配分する。
家族の視点	・三井同苗の精神（一族の結束） ・同族の範囲を拡大してはいけない。同族を無制限に拡大すると必ず騒乱が起こる。同族の範囲は本家・連家と限定する。 ・結婚、負債、債務の保証等については必ず同族の協議を経て行わねばならない。 ・人は終生働かねばならない。理由なくして隠居し、安逸を貪ってはならない。 ・他人を率いる者は業務に精通しなければならない。そのためには同族の子弟は丁稚小僧の仕事から見習わせて、習熟するように教育しなければならない。

（出所）三井広報委員会ホームページをもとに筆者作成。

5　事業承継計画策定の重要性

関係者（特に後継者）とのコミュニケーション・合意形成を進めていくために必要不可欠なのが、事業承継計画の策定です。事業承継における課題と解決策・必要な取組みを洗い出し、いつそれらを実施するのかといった計画を文書として作成し、それに基づいて合意形成を図るのです。

「口頭ではあるが、私は普段から後継者に方針を伝えている」という方もいらっしゃるかもしれません。しかし、後継者側からみたときにこれらは驚くほど伝わっていません。それどころか「話のつど、方針・内容が微妙に変わっている」とかえって不安に感じている後継者が多いのです。こういった不安を払拭し、事業承継という企業の存続にもかかわるテーマにおいて、的確に関係者とのコミュニケーション・合意形成を図るためには「紙に落とす」＝文書化が必要です。

通常の企業経営においては「事業計画」や「中期経営計画」を立て、それをもとに取組みを進めることが一般的に認知されています。一方で企業経営同様、「時間をかけて着実に進めるべき」、かつ「失敗すれば企業の存続にもかかわる重要な取組み」である事業承継を「計画」なしに「円滑に」進められるのでしょうか。

当然のことながら、最初の計画どおりにはいかないこともあると思います。市場環境や社員の状況など、社内外の前提条件が変化するなかでは、計画の変更は必然ともいえます。必要に応じ修正を行い、履歴を残しておけばよいのです。環境変化に応じ、どのように意思決定・方針転換したのか、という履歴自体も関係者との合意形成のうえでは大きな説得材料になります。

また、後継者が明確である場合には、後継者に主体的に計画を策定してもらうことも検討すべきです。事業承継は「次世代」「未来」に向けた取組みです。「次世代」「未来」の主役は後継者とそれを支える経営幹部・社員です。現経営者の意向をふまえながら、「受け身」になりがちな後継者に主体性をもたせ、事業承継を推進することができれば、それがまさに「円滑な事業承継」につながるものと思います。

こういった事業承継計画をつくらずに、課題の抽出や対策・取組みが不十分であると、実際の事業承継においてもさまざまな問題が生じます（図表Ⅱ－7）。

たとえば、経営の承継において、後継者について明確な方針が示されないまま、現経営者が急逝するなど不測の事態が生じた場合、後継争いや事業に携わったことのない親族が後を継ぐことになり、経営不安や混乱を招くことにもなりかねません。企業規模がそれほど大きくない中堅中小企業においては、これらの「つまずき」が及ぼす影響が小さくありません。また、混乱、そこから生じる経営の停滞は長く続くケースが多いようです。

図表Ⅱ－7　計画や準備・取組み不足による事業承継トラブル

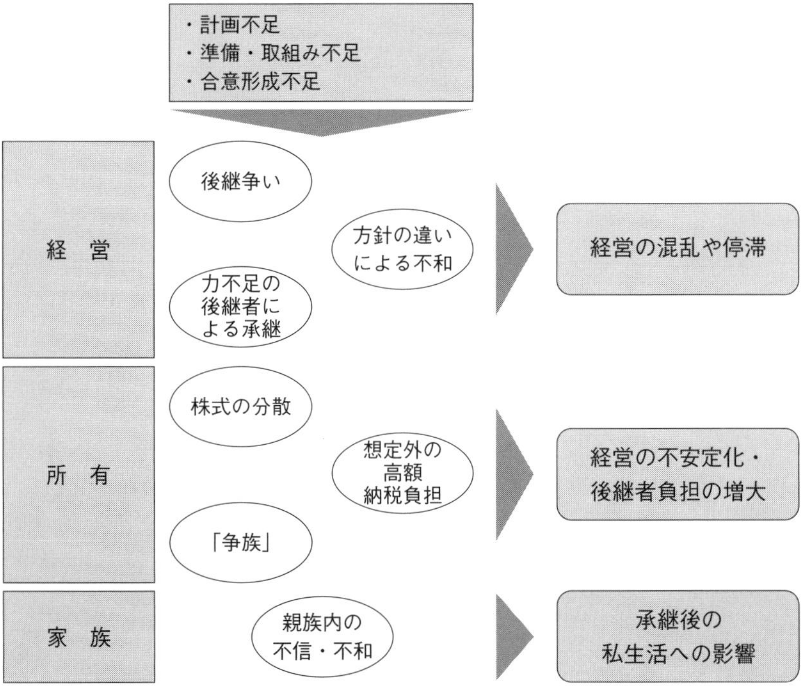

われわれも、後継者の方から承継後一定年数たってから、「承継したものの、経営がうまくいかない」といった相談を受けることが多くあります。

傾向としては承継してから８～10年目の企業が多く、原因をたどっていくと、事前の計画・準備が不十分で「承継時」に混乱が生じ、それが後を引いているというケースが少なくありません。

資産の承継においての対策・検討が不十分であった場合、株式の分散により経営基盤が不安定になったり、想定外の高額納税負担を強いられたりする可能性もあります。また、株式の「私有財産」という特性からオーナー家親族内の「争族」にもつながりかねません。こういったケースも解決までに時間がかかることが多く、いったん決着はついても、親族内に禍根を残し、その子・孫までもその影響を受けるといったことになります。

こういった事態が生じないよう、あらかじめ「計画」を立て、着実に進めることが「円滑な事業承継」の実現には不可欠です。

コラム❷

8年目のジンクス？

われわれは業務のなかでさまざまな中堅中小オーナー企業を支援しています。事業承継以外のオーナーの悩みを聞くことも多々あります。

そのなかで散見されるのが、後継者に社長が交代してから10年近くたった後に「役員や従業員が自分（後継者社長）の思ったとおりに動いてくれない」「(その結果？）経営がうまくいかない」といった悩みです。しかし、こういった悩みもいろいろと話を聞き、原因を探っていくと社長交代時、つまり事業承継に問題があることが多いのです。

多くの場合は、先代の突然の決断で十分な準備がなされないまま承継がなされ、結果として社員等からの「信頼」が不十分な状態で後継者が自身が思う「改革」等を推し進めた結果、さらに溝が深まり、それが埋まらないまま、後継者も社内で相談する相手もなかなかおらず、問題を抱えた状態で10年近い時が過ぎてしまったというケースです。そして、業績がジリ貧になるなか、どうしようもなくなり、（なぜか）承継から8～10年たって、われわれのような外部のコンサルタントに相談するに至ったということです。

特に、先代までに築かれた事業基盤が強固で堅実なものであるほど、表面的には問題が顕在化しにくく、本当の意味で解決に向かって動き出すまでに時間がかかってしまうようです。

このように、社長交代や株式の承継といった表面的な事業承継はできても、先に述べたような「信頼」に基づく事業承継ができなければ、その企業は大きな問題を抱えることになります。

こういった状況の発生を防ぐためにも、事業承継計画を作成し、着実に承継を進めることが重要なのです。

III

承継のコアとなる後継者の選定・育成

この章では、事業承継の核となる後継者について、あるべき要件（考え方・姿勢やスキル、経験など）やそれらを涵養していくための育成のプロセス、視点を述べていきます。

後継者の決定は事業承継の起点であり、最も重要な事項です。「現在」ではなく「将来」を見通したうえでの判断が必要なため、状況によっては、意思決定は困難を極め、非常に時間がかかる可能性があります。

第Ⅰ章で述べたように、国内においては、現経営者が60歳以上の中小企業の約半数において後継者が未定というのが現状です。

その要因としては現経営者自身の企業・事業に対するこだわり・引退後への不安、後継者となりうる親族や役員・従業員への遠慮など、さまざまな事柄があげられます。

一方で、後継者＝「誰が事業を継ぐか」ということについては、現経営者だけでは決められません。当然ながら、後継者本人の意思が最も重要です。

息子や娘など親族で、早い段階で本人の承継の意思が明確であり、（将来的な見込みとして）事業・会社に対する考え方や経営能力も問題ないということであれば、心配事は少なくてすみます。しかし、昨今では、親族であって会社に入社していても「社長」を継ぐかどうかはわからない、という方もいます。そういった場合は、一定の時間をかけて、本人の考えや能力を見極めつつ、承継に対する意思・覚悟を確認していく必要があります。

また、現段階で最低限の能力は備えていたとしても、実際に経営を引き継ぎ、企業を率いるにふさわしい人物として認められるためには、相応の時間が必要です。

さらに、親族内に後継者がいない場合は、親族外承継や事業の売却等の選択肢を検討する必要があります。親族外承継の場合は、いまいる役員・社員から選ぶのか、社外から新たに招聘するのか、といった選択肢を同時並行的に慎重に検討し、決断をする必要があります。

1　後継者の要件

後継者の選定・育成を考えるうえで、まず必要なのは「どのような人物を後継者にするか」ということを明確にすることです。

当然ですが、まず、重要なのは後継者（候補）本人の意思と覚悟です。「この会社を自身が背負い、末永く継続・成長させていきたい」という気持ちがあることです。

もう一つは、第Ⅱ章で述べた、関係者からの「信頼」を醸成することができるかどうか、という点です。社員はじめ、お客様や取引先、株主といった関係者から「この人物は後継者＝この会社の次の経営者にふさわしい」と納得してもらえるかどうか、ということが重要です。

では、上記を満たすために重要な要素は何か。それは大きく二つ、「出自」と「経営者としての資質・能力」だと考えます（図表Ⅲ－１）。

一つ目の「出自」というのは、文字どおり「出身」つまり「現経営者の親族かどうか」ということです。このようなキーワードが出ると、本来は「親族であるなしにかかわらず、経営者は最も経営にかかわる能力が優れた人物がなるべきだ」という意見の方もいるかもしれません。

一方、オーナーである現経営者は「企業」を自身のものではなく、創業者や一族・先祖からの「預かり物」というふうにとらえ、「自身の代で勝手に他者（社）に渡すことはできない」という方も多くいらっしゃいます。そのため、なんとか一族の次の世代に残そうという意思が強く働き、暗黙の了解として、「まず親族内で検討」ということになるのではないかと思います。実際に、親族である後継者は自身の親族が立ち上げた（あるいは代々受け継いできた）企業・事業への「思い」、それを引き継ぐ「覚悟」が他の社員等に比べ、圧倒的に強いケースが多いように感じます。

「社長（経営者）になる」という話は、非常に聞こえはよいですが、オーナー企業の経営者になると、個人的な債務保証を負わされるケースも多く、まさに「人生を賭して」「その企業と一蓮托生」となる判断・覚悟をするということです。それは自身だけでなく、自身の妻子、その親族まで影響が及ぶ可能性があります。社歴が長い役員・社員でも、このような覚悟ができる人物はなかなかいないのではないでしょうか。

また、他の社員からみてもオーナー企業においては「現経営者の親族が継ぐ」ということが自然に受け入れられやすく、いわゆる「後継者争い」も起こさずにすみます。日本特有の意識かもしれませんが、「出自」というのは「納得性」を高めるうえで非常に重要な要因となるのです。

二つ目の「経営者としての資質・能力」ですが、これはまさに経営者として企業を率いるために必要な力です。

「資質」とは経営者としてもつべき「姿勢・価値観」です。「誠実さ・真摯さ」「責任感」「利他の心」といった人格・人としての魅力にかかわる要素と、「お客様への思い」「技術に対するこだわり」「挑戦し続けるマインド」といった、創業以来、企業としてこだわってきた「事業にかかわる思い、商売に対する姿勢」に真に共感し、体現できるかどうかにかかわる要素があります。

上記に例示したすべての要素を有する必要はありませんが、社員やお客様、取引先からみて、十分な納得が得られそうか、また、企業がよい状態の時も悪い状態の時も、守るべき姿勢・考え方を変えずに経営を続けることができるかどうかを見極めることが必要です。

「能力」は経営に必要な「知識・スキルや経験」と言い換えることができると思います。

まず、企業を存続させるうえで必要な「財務知識」は最低限身につける必要があります。さらに、市場環境・顧客ニーズ、社会的情勢の今後を見極める「先見力」、それらをふまえて自社の「目指す姿」を定める「構想力」、それらを社員やお客様、取引先に伝え、実現していく「リーダーシップ」や「コミュニケーション力」といった基礎的な経営スキルが非常に重要です。

また、自社の事業領域における「顧客・業界知識」「技術にかかわる知識」

図表Ⅲ－1　後継者の要件

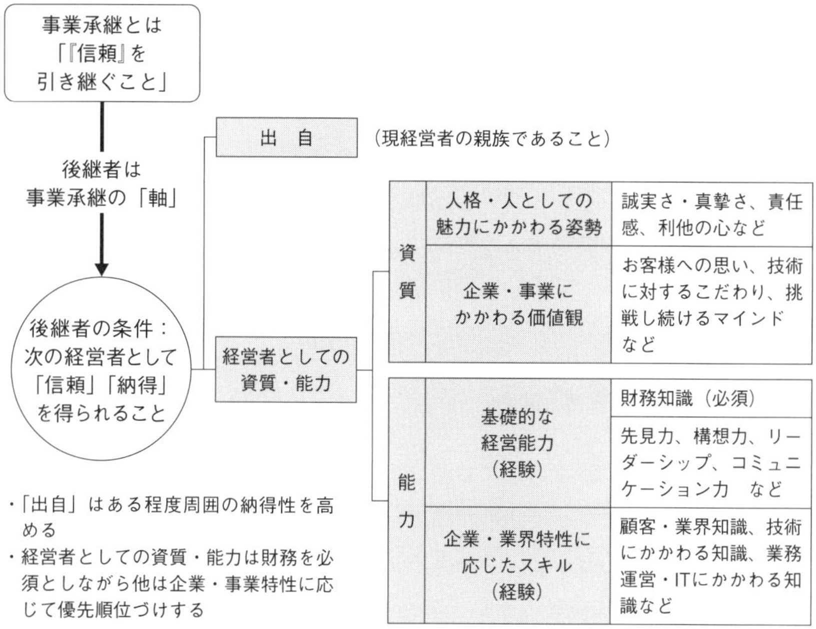

「業務運営・ITにかかわる知識」など、事業特性に応じた知識・ノウハウに精通していることも求められます。

上記は知識としてもっているといったレベルではなく、「経験」に裏打ちされ、経営者としてのさまざまな意思決定や実行に活用できることが求められます。

ここまで、後継者の要件としてさまざまな要素について述べてきましたが、これらをすべて備えた候補者というのはなかなか見つからないと思います。また、企業・事業の特性や置かれている状況・今後見込まれる環境変化などによっても、各々の要素の重要度は変わる可能性があります。

実際に後継者を決める際には、これらをふまえ、候補者・企業の状況を見極めながら慎重に検討する必要があります。

加えて、これらの姿勢や価値観、能力は後天的に学び、身につけていくものであり、相応の時間がかかります。その結果によっても、後継者を誰にするのかといった結論が変わる可能性があります。

本書では、この後、後継者の選定→育成といった流れで考え方やポイントを述べていきますが、実際は選定と育成は並行して、あるいは複合的に進めることになると考えられます。

次世代の自社を左右する最重要課題である後継者の決定は、候補者が明確でなくても、できる限り早い段階から慎重に時間をかけて進めるべきです。

2　選定のポイント

オーナー企業の後継者選定における基本的な考え方は後継者候補となりうる親族の有無などによって変わります。オーナー企業の場合、基本的には親族への承継が可能かどうか、という点から検討を始めるケースが多いと思いますので、ここでは親族内承継の検討→親族外承継の検討、という流れに沿って解説をしていきます。

(1)　親族内に後継者候補がいる場合

現経営者の子供にせよ、甥・姪等にせよ、後継者となりうる候補（もしくは継いでほしい特定の親族）がいる場合には、経営者としての「資質・能力」を見極めつつ、現在の所属が自社以外であったとしても、タイミングをみながら、「後を継ぐ」意思の確認をしていく必要があります。

企業の規模や業績の状況・先行きにもよりますが、比較的安定的な先行きが見込めるようであれば、経営者として「最低限」の「資質・能力」をもって、その親族を後継者として定め、育成を進めてもよいかもしれません。逆に、今後の企業の先行きが非常に厳しいものになりうるのであれば、「出自」よりも、経営者としての「資質・能力」を優先して、親族外の役員・従業員への承継も検討すべきかもしれません。

兄弟姉妹など、親族内に複数の候補者がいる場合、企業や現経営者の判断によって考え方が変わるようです。兄弟姉妹や甥・姪など、同世代の親族は同列とみなし、親族内ではあくまで経営者としての資質・能力で選定をする経営者、あるいは、そこに諍いの芽が生じるのを嫌い、昔ながらに「長兄が次期経営者、次男以降は長兄を支える役割」とあらかじめ定め、そのとおりに承継を進める経営者もいます。また、長兄以外も「経営者としてやっていきたい」「長兄と経営に対する考え方が違う」という場合には、会社を分割して、それぞれに別の会社を継がせる、といった方法をとる経営者もいます(図表Ⅲ－2)。

上記のように考え方はいくつかあり、一つの考え方がすべての企業・状況において正しいとは言い切れません。いずれにしても重要なのは、「明確な方針のもとに判断し、後々に禍根を残さない」ということです。先に述べた

図表Ⅲ－2　会社分割のイメージ

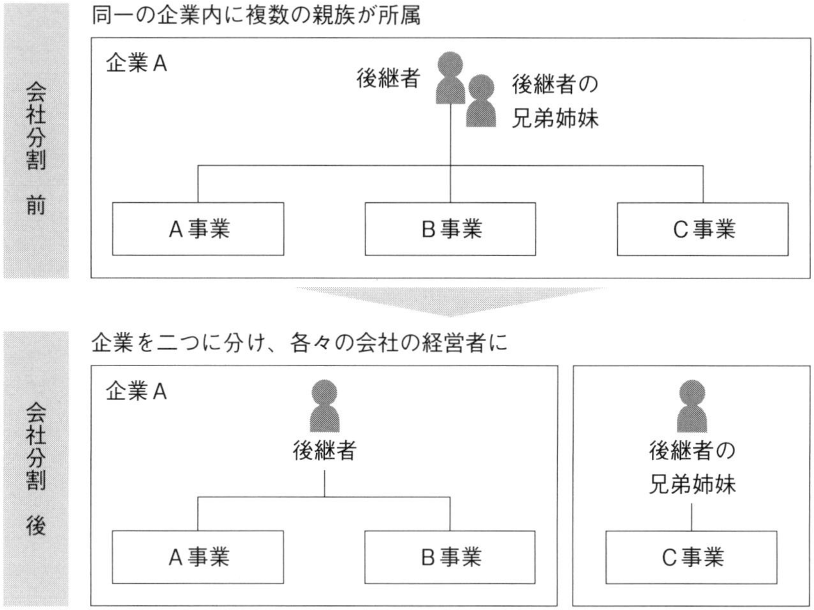

ように、他人同士ではなく、血のつながった親族というのは一度もめると争いが長期にわたる可能性が高くなります。

親族内に複数の後継者候補がいる場合には、親族内だからこそ、選定基準・ルールを明確にし、それらに沿って選定を行うことが重要です。

⑵ 親族外の役員・従業員への承継を検討する場合

親族ではなく、役員・従業員への承継を検討するケースは大きく二つのパターンに分かれます。

一つは、親族内に後継者候補が不在または承継の意思がない場合で、役員・従業員のなかから選定せざるをえない場合です。

もう一つは、親族内に後継者候補がいるものの、年齢が若い・経験が現時点では十分ではない等の理由により、承継までのつなぎ役として選定される場合です。

いずれも、出自が親族とは異なるため、従業員を含めたステークホルダーからの信頼を得るために、経営者としての「資質」「スキル・知識と経験」面において、他の役員・従業員より優れていることが求められます。その後の諍いを防ぐためにも、どの時点で開示するかは別にして、可能な限り「後継者を選ぶ基準」を明確にし、それに沿った選定を行うことが求められます。

なお、前者と後者では、株式所有の点に違いがあります。前者では、オーナーではないプロパー等の役員に経営の主導権が移るため、あわせて株式の大部分を承継するケースが多く見受けられます。一方、後者はつなぎ役のため、株式はオーナー家が保有し続けることが一般的です。

⑶ その他（プロ経営者が承継するなど）の場合

その他のケースは、親族でも役員・従業員でもない外部の第三者が承継する場合です。これは、親族、役員・従業員のいずれも次代の経営者にふさわしい（あるいは継ぐ意思・覚悟がある）メンバーがいないと経営者が判断する場合に生じます。

この場合、「後継者」として社内外に宣言するタイミングは慎重に見極める必要があります。社内の人間であればこれまでの実績もあり、社員やお客様、取引先の信頼も得やすくなります。一方、社外から採用した場合は、一定期間、社内での活躍、既存の社員とのコミュニケーション、信頼関係の構築度合いなどをみたうえで、問題ないと判断した段階で「宣言」することが重要です。

関係者の「信頼・納得」を得られるかどうか。ここに判断の軸を置きながら、慎重に進める必要があります。

3 後継者の育成のポイント

当然ながら、後継者は、選べば後は勝手に育ってくれる、というわけではありません。

選定後に育成を行うのか、育成のなかで後継者を見極めるのか、その判断は現経営者等の考えにより分かれますが、どのタイミングで後継者選定を行うにせよ、図表Ⅲ－3に示すように、経営者として、①必要な「能力」（知識・スキル）の習得、②経営・マネジメントにかかわる経験の蓄積、③「基本的姿勢（考え方・価値観）の醸成」を意識しながら進めていくことが重要です。

図表Ⅲ－3は、知識・スキルを獲得し、それを経験のなかで活かしながら、経営者としての姿勢を醸成するというサイクルを表しています。

後継者においてもともとの素養はあれ、経営者としての基本的姿勢（考え方・価値観）は一朝一夕で身につくものではありません。十分な知識・スキルと経験によって、涵養される（水が沁み込むのと同じように、無理をしないで少しずつ養い、身についていく）ものであり、その内容も企業によって異なります。これまで引き継がれてきた経営者や組織風土、今後の自社の存在意

図表Ⅲ－3　後継者育成の視点

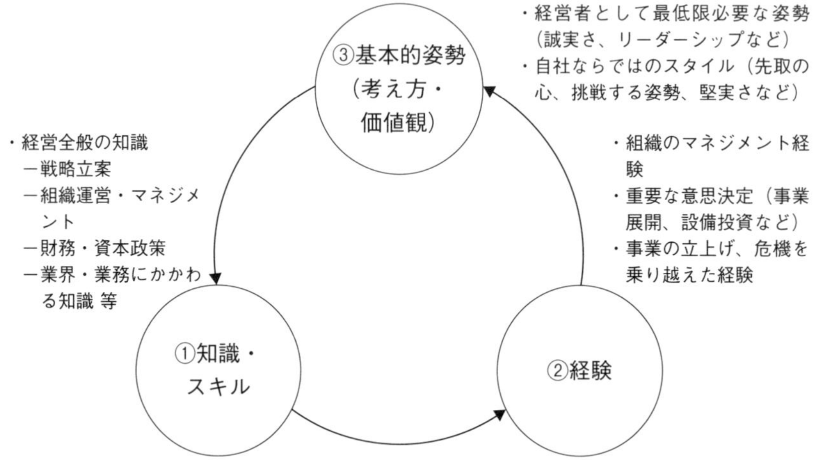

義や成長のストーリーを見据えながら、経営者としての「判断軸」をつくっていくことが必要です。

(1)　必要な「能力」（知識・スキル）の習得

後継者候補が経営者になるためには、最低限身につけるべき知識やスキルがあります。経営戦略の立案や事業構想に関する知識、財務や資本政策に関する知識、組織運営やマネジメントにかかわる知識などの経営における基礎的スキルから企業・業界特有のノウハウ、オペレーション・業務運営関連の知識まで、学ぶべきことは多岐にわたります。

事業を「ゼロ」から始めた創業者は、自らさまざまな業務をやらなければならない状況もあり、実際の事業運営のなかで必要な知識・経験を習得し、経験を積むことができます。

一方で、一定の規模に成長した企業に途中から参画する後継者は実務の経験だけで必要なものを身につけるのはむずかしい状況にあります。

このような知識やスキルを身につけるための手段として、中小企業大学校や MBA 等のビジネススクールの講義を受講し、経営に関する知識を得るというのも一つの手です。特に中小企業大学校では、「経営後継者研修」が設置され、多くの後継者（候補）が受講しています。また、その他のビジネススクールなどでケーススタディも多数用意されていることから、単なる知識だけではなく、疑似的な経営判断を積み重ねることで、自身の経営に対する姿勢を養っていくことができます。

また、一定の知識を学んだ後に、自社の中期経営計画の策定・実行を通して、自社への理解を深めながら、経営経験を積んでいくことも有効な方法です。

(2) 経営・マネジメントにかかわる経験の蓄積

知識やスキルを本当の意味で身につけ、活用できるようにするためには、それらを活かすことができる場で実践することが重要です。学んだ知識に基づいた取組みを実行し、周りの反応をみながら修正、状況に応じた使分けの試行錯誤を重ねて、「使える」知識・スキルとして定着させていくことが重要です。

また、学んだ知識・スキルの定着以外に、経営者として自立するために特に重要な経験としては大きく以下の三つに集約されます。

一つ目は、社員を一つにまとめ、目指す目標・姿を実現するための組織（＝人）のマネジメント経験です。自社のなかにいる社員も性格や働くことを通して実現したいこと、考え方はさまざまです。組織や人材のマネジメントの理論はありますが、人は論理だけでなく感情で動くものであり、そのとおりにやっていても必ずしもうまくいくとは限りません。これらは実際にやってみて、反応をみながらやり方を変えていくという経験がなければ、経営者として組織を運営することはできません。第Ⅰ章で述べたように、人口減少のなか、自社が必要とする人材を採用し、高いモチベーションで活動してもらうことは非常に重要な経営上の課題です。また、社員の反応は本人の性格やイメージによるところも大きく、現経営者と同じやり方をすればうまくいくといったものではありません。後継者は実際の組織の運営経験を通して、自分なりのマネジメントのスタイルを築いていく必要があります。

二つ目は経営者として「的確な判断ができる力」を身につける、重要な意思決定の経験です。大きな設備投資や新たな事業領域への進出、組織改編や戦略・方針の転換など、大きな意思決定を行い、成果につなげるといった経験は経営者になるうえで非常に重要です。

その取組みのインパクトやリスク、自社内の環境や他の取組みとの優先順位など、さまざまな要因を冷静に判断したうえで意思決定し、進めていく必要があり、一般的な知識・理論だけでは的確な動きはできません。

また、複数企業を有する企業グループにおいては、後継者や次世代の経営幹部を育成するために、まずは比較的規模の小さなグループ子会社などで経営者としての経験を積ませ、その後、親会社の経営幹部として登用するといった取組みも多くみられます。

自社（グループ）の存続にかかわるような意思決定はむずかしいですが、現経営者は、あえて、重要な意思決定を任せる、あるいはそういった意思決定を行う役職につける、といったことを意識する必要があります。

三つ目は企業の大きな危機・修羅場を乗り越える「胆力」ともいうべき力を養うために、新たな顧客や事業領域の開発や事業の立直しなど、困難な状況における経験を積ませることです。実際の経営は順調な状態が続くことが約束されているわけではなく、時には危機的な状態のなかで自社の存続のために道を切り拓くといったことも必要になります。事業不振などの状態は意識的につくることができるものではありませんが、海外など新規市場・新規製造拠点の立上げや新規事業開発など、新たな取組みが喫緊の課題、といった企業は多いと思います。そういった場合に後継者を責任者に指名し、取り組ませるのもよいでしょう。

また、こういった経験は、後継者の社内における求心力を高めることにもつながります。失敗すると逆に求心力の低下につながるのでは、といった不安もあるかと思いますが、よほど致命的な不適格性が認められない限り、失敗も一つの経験であり、それを活かして、その後の職務において適切な事業運営ができれば、社員も含め、前向きにとらえてもらえるものと思います。
後継者は、経営者になるまでの間、さまざまな部門・環境のなかで、経験を積みながら、これらの知識・スキルのレベルを上げていく必要があります。
自身の親族など後継者が明確に決まっているのであれば、現経営者は上記のような観点や後継者自身の思いもふまえ、育成の道すじを考えておく必要があります。

⑶ 「基本的姿勢」(考え方・価値観) の醸成

経営者としての姿勢・価値観は、先に述べた「知識・スキルの習得」や「経験」を通して身につくものです。先の「後継者の要件」にあげた要素、すなわち、誠実さ、リーダーシップなどの経営者として最低限必要な姿勢、挑戦心や堅実さといった、その企業の風土を体現する姿勢、企業を引き継ぎ、率いていくといった「覚悟」を長い時間をかけて醸成していきます。これらは経営者として最も重要な要素ですが、後継者本人の性格とも密接に関係しており、「この方法で身につけられる」といった類のものではありません。100年企業においては、この点については性格・人格が形成される幼少の頃から祖父母・母親も含め、教育をしているところも少なくありません。

IV

事業承継計画の策定

この章では事業承継計画の策定方法を述べていきます。

現状分析をふまえ、あるべき姿を設定したうえで、課題を抽出し、取組み・スケジュールを検討していくプロセスを解説します。

1　事業承継計画の構成

(1)　三つの視点における「目指す姿」と実現に向けた取組み・スケジュール

図表Ⅳ－１　事業承継計画の構成（および書式例）

			現状抱える問題点（または課題）	将来予測される変化	「目指す姿」	「目指す姿」を実現するための課題と解決に向けた方針・戦略・取組み
ビジネス（経営）	事業体制の引継ぎ	戦略および市場顧客動向	「経営」にかかわる現状および今後の見通し		「経営」における「目指す姿」	「目指す姿」の実現に向けた取組み案
		業務・組織体制				
		人材				
	現社長専権事項の引継ぎ					
オーナーシップ（所有権）			「所有」にかかわる現状および今後の見通し		「所有」における「目指す姿」	「目指す姿」の実現に向けた取組み案
ファミリー（家族）			「家族」にかかわる現状および今後の見通し		「家族」における「目指す姿」	「目指す姿」の実現に向けた取組み案

事業承継計画として定めなければならないのは、「承継後」に実現したい「目指す姿」と実現に向けた取組みとスケジュール、つまり「いつ（誰が）何をするのか」ということです。

「承継後」というタイミングをいつにするのか、現経営者から後継者に「社長を交代した直後」か、社長を交代し現経営者のサポートを受けた後に、「経営者として独り立ちした」タイミングか、これは企業、あるいはその企業の経営者・後継者が決めていただいて問題ありません。ただし、いずれにせよ、「期限」を設定し、「経営」「所有」「家族」の三つの観点において、どのような状態を目指すかは明確にしておく必要があります。

事業承継計画　－取組み事項とスケジュール－

上記をふまえて計画を作成

基本方針／主な取組み／目指す姿／数値目標など			計画							
			項目		1年目		2年目		3年目	
					上期	下期	上期	下期	上期	下期
			業績（計画）（百万円）	売上						
				経常利益						
			年齢	現経営者						
				後継者						
			役職・管掌	現経営者						
				後継者						
ビジネス（経営）	事業体制の引継ぎ		ビジネスの取組み	戦略および市場顧客動向	「経営」の承継にかかわる取組み・スケジュール					
			ビジネスの取組み	業務・組織体制						
				人材						
	専権事項の引継ぎ		ビジネスの取組み	現社長専権事項の引継ぎ						
オーナーシップ（所有権）			持株（議決権）（%）		「所有」の承継にかかわる取組み・スケジュール					
			オーナーシップの取組み							
ファミリー（家族）			ファミリーの取組み		「家族」にかかわる取組み・スケジュール					

そのうえで、上記を実現するための取組みおよびそのスケジュールを作成します。三つの観点における承継にかかわる準備・取組み、「経営」における専権事項（社長のみで行っている業務）の引継ぎ、次世代の経営体制の構想・移行、企業の「所有」権としての株式を誰に、どのように承継するのか、これらをふまえ、「家族」（＝創業家）の役割の引継ぎをどのように行っていくのかを優先順位や実施にかかる期間を考慮しながらスケジュール化していきます。

なお、「経営」の観点においては、並行して、事業の持続的な成長を実現するための戦略・取組みも行っていく必要があります。

⑵　計画の背景となる現状・見通し、課題・問題点

上記の計画を作成するにあたっては、企業経営や承継にかかわる諸要因の現状や先行きの見通しやそれらをふまえた課題・問題点を整理する必要があります。そもそも、この部分に関する認識が異なっていては、承継計画についても、関係者による合意形成がむずかしくなります。数値や実績をもとに、できる限り、客観的な視点で把握・整理することが重要です（図表Ⅳ－１）。検討の視点やプロセスは以降で述べていきます。

2　事業承継計画策定のポイント

事業承継計画の策定については、さまざまな視点での現状把握や課題の抽出、課題解決策や実行スケジュールの検討など、やるべきことが多岐にわたります。検討にあたって、「原則」ともいうべきポイントは以下の五つです（図表Ⅳ－２）。

①　「経営」「所有」「家族」の三つの視点（スリーサークル）での検討

②　関係者との密なコミュニケーションと合意形成

③　計画は早めに、実行は時間をかけて

図表Ⅳ－２　事業（経営）承継における５原則

①　「経営」「所有」「家族」の三つの視点（スリーサークル）での検討
・三つの視点からもれなく課題と対策を検討する
・まず、すべての基盤となる事業＝経営の承継を考える

②　関係者との密なコミュニケーションと合意形成
・ドキュメント（計画を紙に落とす）が必須
・定期的なコミュニケーションの場を設ける

③　計画は早めに、実行は時間をかけて
・事業承継は「10年の計」
・核となる「人事（人・体制づくり）」には時間がかかる

④　「最悪の事態」の想定
・原則は一子相伝
・事前に計画を立て、伝えておく（遺言書作成 等）

⑤　世代を超えて継承する「枠組み」の意識
・変えるべきものはあれど「原則」は不変
・「自分の代は…」ではなく「代々…すべし」を考える

④　「最悪の事態」の想定

⑤　世代を超えて継承する「枠組み」の意識

(1)　スリーサークルの視点での検討

第Ⅱ章において、オーナー企業経営（ファミリービジネス）を考えるうえでの基本的な視点として、「経営（ビジネス）」「所有（オーナーシップ）」「家族（ファミリー）」という三つの視点について説明しました。事業承継計画を策定する際には、この各々の視点から現状把握や想定される将来の動向を整理し、課題を抽出したうえで、それらに対する解決策を検討し、その実行スケジュールを策定します。

三つの視点は互いに密接に絡みあう部分もあり、一つでも視点を欠いてし

まうと、後々思わぬ混乱を招くことにもなりかねません。

(2) 関係者とのコミュニケーション・合意形成

現状や課題をふまえた方針・計画の明確化（文書化）ということとともに事業承継計画策定の目的として重要なのは、文書化された計画をもとに関係者とコミュニケーションをとり、合意形成を図りながら円滑な事業承継につなげていくことです。

経営上の役割・ポジション、株式（資産）の承継など、事業承継において検討すべき内容は非常にセンシティブなものが多くあります。全員諸手をあげて賛成といった状態ではないにせよ、関係者にとって納得性の高い承継の方針、進め方が重要です。

一昔前までとは状況が変わり、「(息子・娘が) 継ぐことが前提・常識ではない」現在においては、親族（息子・娘）がいたとしても、お互いに明確に意思確認をしたうえで話を進めるといったことが必要です。話としては当然のことですが、実際に親子で事業承継について話し、後継者本人の意思確認をする、というのは非常に勇気がいるようです。われわれのクライアントでも「わかってはいるが、なかなか話ができない」という方が多くいらっしゃいます。

しかしながら、事業承継においては「後継者」が決まらなければ、話は前に進みません。後継者に対する意思確認をはじめとするコミュニケーションは必須です。意思確認のハードルが高いようであれば、まずは後継者と二人で話をする場を定期的に設けるようにし、タイミングを見計らいながら、「後継」に関する意思確認を行うといった方法もあります。

他の親族、社内の関係者に対しても、現経営者から事業承継に対する考えや課題認識を少しずつ伝えていくようにし、彼らの反応や意見を聞いていくようにします。親族を集めた定期的なコミュニケーションの場を設けている企業もあります（詳細はこの章の「5 『家族』（ファミリー）の視点」参照)。

重要なのは、「よくわからないなかで現経営者が勝手に決めている」という不安・不信感をもたせずに、協力・賛同を得ていくこと、少なくとも横槍を入れたり、妨害したりといった行動に出ないようにしてもらうということです。自社（企業）にかかわる親族・役員だけではなく、企業とは無関係の親族が法的な訴えを起こしてくる場合もあります。先に述べたように「イエ」の関係が薄まりつつあるなか、こういった「不測の事態」を起こさないためにも、関係者とのコミュニケーション・合意形成には、細心の注意を払いながら進める重要性が高まっているといえます。

(3) 計画は早めに、実行は時間をかけて

第Ⅱ章で述べたように、事業承継においては「経営」の承継が何よりも重要な取組みです。後継者の選出・育成、後継者を支える次世代経営幹部層の選抜・育成、後継者にあわせた次世代の組織体制づくり、DNAの承継など、必要な取組みは数多くあります。また、計画を立てればそのとおり進むかというとそうではありません。市場環境や社内の変化などにより、変更や延長・先延ばしせざるをえない状況が生じる可能性もあります。したがって、「できる限り早めに始動し、計画を立て、実行に時間をかける」ということが重要なポイントとなります。

「早期」といってもいつ始めればよいのか。それを判断するためには、まず想定する「承継（社長交代）時期」をいつにするかを定めることから始まります。

承継時期は各社の状況によります。現経営者の年齢と後継者が経営者としてふさわしい知識・スキルと経験を備える時期を考慮し、自社の状況（業績・社内の状態）もふまえながら、目標とする時期を設定します。

われわれの経験から、お勧めは「承継タイミング」の5～10年くらい前から始動、計画策定を進めることです。図表Ⅳ－3は承継の大まかなスケジュールを例として示しています。後継者が息子・娘等の親族で早くから決まっていなければ、こんなに長期で考えるのはむずかしい、という声もあるかもしれません。図表Ⅳ－3はあくまでモデルであり、事業承継は百社百様

図表Ⅳ－3　事業（経営）承継のスケジュール例

項目		10年前	9年前	8年前	7年前	6年前
想定時期	年（西暦） 社長年齢	（承継＝社長交代する時期（年齢・年）を想定し、記載）				
全体		□　現状の把握・承継に伴う検討課題の整理（事業の現 □　経営承継プラン（計画）の作成（状況に応じて修正				
ビジネス	後継者の選定・育成		□　後継者の決定 （後継者の承継意思の確認） □　後継者（候補）の育成プロセスの設定			
ビジネス	人づくり（風土づくり）				□　次世代経営幹部	
ビジネス	組織づくり					
ビジネス	計画づくり					
オーナーシップ				□　資産承継方針の明確化（経		□
ファミリー			□　関係親族の役割、資産承継方針に関する			□

5年前	4年前	3年前	2年前	1年前	承継（社長交代）	1年後

状・先行きや株価等、資産の状況）
する前提でたたき台として）

□ 経営者→後継者の専権事項・人脈等の引継ぎ（開始）
□ 後継者を軸とした経営執行体制への移管

の選定・育成（開始）-------►
□ 承継すべき組織風土・DNAの明確化と承継の仕組みづくり

□ 承継後に向けた組織・経営体制の準備
● 職務権限・意思決定・規定等の整備
● 次世代経営体制への移行準備
□ 次世代経営体制への移行

□ （次世代に向けた新たな事業の柱の立上げ・育成）----►
□ 次世代（承継後）のビジョン・経営計画の策定
□ ビジョン・経営計画の社内共有

営権・株式の承継、事業承継税制の適用、納税資金の確保等）

資産承継の準備
（可能な範囲での承継の開始）

合意形成
遺言書の作成
□ ファミリー内のルール制定、定期的なコミュニケーションの仕組みづくり（運用開始））

です。しかし、後継者が決まっていない（息子・娘が継がないことがわかっている）場合はむしろ、さらに早いタイミングから後継者候補の選抜・育成を行っておく必要があります。

(4) 最悪の事態の想定

こちらも第Ⅱ章の「所有」についての考え方のなかで述べましたが、計画の検討にあたっては欠かせないポイントです。われわれの経験上、「最悪の事態」として最も影響が大きい事態が二つあります。

一つ目は「後継者をはじめとするバトンを受け継ぐ側の方針の違いから関係が悪化」してしまうケースです。後継者を含む親族間の、承継や経営方針に関する考えの違い、認識の違いにより、承継のための取組みや承継後の経営・事業運営などが停滞・混乱してしまうというのはよくある話です。

承継直後までは仲がよく一緒に経営にあたってきた後継者兄弟姉妹が、ちょっとした経営方針に関する考えの違いを発端に急速に関係を悪化させ、社内に派閥ができ、事業運営が停滞・混乱するといった状況も散見されます。こういった場合に、たとえば所有する株式が同じ比率だった場合、お互いに経営権（所有権）を主張したり、後継者社長がやろうとすることに対して他の親族が邪魔をし、経営・事業運営が進まなくなったりするケースもあります。

現経営者にとっては非常に辛い決断かもしれませんが、将来的に「発生しうる存続の危機」の芽を摘む、という意味で冷静な判断が必要です。

二つ目は「現経営者の急逝等」、現経営者が経営を行えなくなる事態が生じるケースです。現経営者も人間です。縁起でもないといわれるかもしれませんが、「万が一」の可能性はゼロではありません。将来に対する方針や計画がない状態で、社内が混乱・停滞するということ、これも少なからずありうることです。先に述べたように「早期に計画」を立て、必要があれば遺言書などを準備しておくなどの対策が必要です。

(5) 世代を超えて継承する「枠組み」を意識する

最後に述べるポイントは「世代を超えて継承する『枠組み』を意識する」ということです。第Ⅱ章の33、34ページの「コラム①：100年企業の事業承継」で述べたように、多くの100年企業には、家憲・家訓といったかたちで「経営」「所有」「家族」にかかわる枠組み・ルールが存在しています。

もちろん、企業経営や承継にかかわる環境は変化していくため、同じ「枠組み」を当てはめるのはむずかしいかもしれません。しかし、この章のはじめに述べた「事業（経営）承継の５原則」のように、何事にも、「原則」が存在します。また、つど方針を決める（変える）となると、その時の経営者の考えや匙加減によって承継がなされることになり、関係者からの不満・反対を受けるリスクが高くなる可能性もあります。

こういった「枠組み」が代々伝わるものであると、「これまで代々無事に事業承継をし、事業（企業）を発展させてきた秘訣」が、より客観性のあるものとしてとらえられ、現経営者も含めて「遵守しなければならない」といった思いが強くなり、承継がスムーズに進む可能性も高くなるのかもしれません。

事業承継計画を策定する際に、自身の代の承継だけではなく、次の代、その次の代といった、世代を超えて「必ず守るべき」あるいは「これはやってはいけない」という「枠組み」を大きな方向性として示すことを検討するのも一つの方法です。

3　「経営」（ビジネス）の視点

(1)「経営」における承継のポイント

①　現経営者と後継者の目線をあわせる

会社の経営を次世代へ引き継ぐ際に非常に大切なポイントとなるのが、現経営者と後継者の間で今後の経営の方向性について目線あわせをしておく、ということです。

経営の承継は、企業の存続にかかわる非常に重要な取組みです。経営者が交代するということは、企業のステークホルダー（株主、取引先、従業員など）に対し多大な影響を及ぼします。企業を永続するために行う経営の承継ではありますが、経営者が交代することによって逆に業績が悪化し、存続が危うくなるケースもあります。

ですから、ステークホルダーは経営の承継というイベントを、この企業がこれからも成長を続けることができるのか、今後もこの企業との関係を維持していくことができるのか、といった点で注目をしています。

このステークホルダーに対し、現経営者と後継者が、この企業が進む方向性についてお互いに納得をしたうえで、現経営者はこの企業の未来を託すに値すると後継者を認め、後継者は現経営者が築き上げてきた歴史や強みを引き継ぎつつも、この企業をさらに成長させていくための決意を表明することができれば、ステークホルダーも事業承継を前向きにとらえ、今後もこの企業を支えてくれる存在となってくれるはずです。

しかし、現経営者と後継者では今後の方向性・戦略に関する考え方があっているようで違うこともあります（図表Ⅳ－4）。

現経営者は現在の方針を維持しながらの成長を求め、後継者は大きな変革を求める、というのはよくあるケースです。

図表Ⅳ－4　現経営者と後継者の目線のズレ（イメージ）

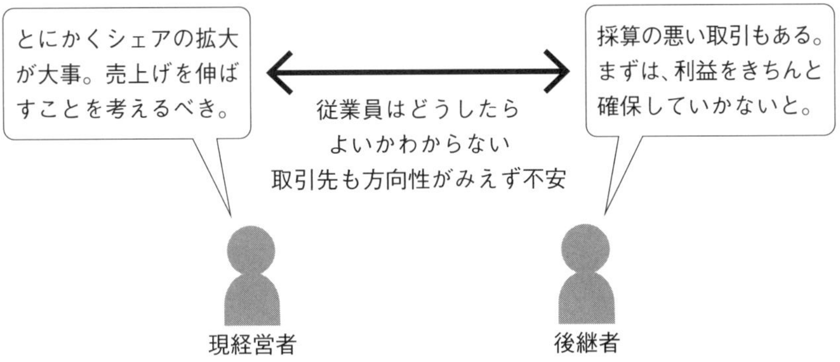

現経営者は、長年にわたり自らが中心となって自社の経営を先導してきており、そのなかで数多くの経験を得てきています。長年の間、経営者という立場で会社を守り、育ててきた自分なりの経営スタイルがあります。

一方で、後継者は、自らがこの企業の次世代を担うとなった時点から、特に現経営者の経営について分析を行うようになり、現経営者が主導する経営のよさや、自らが代表となった場合に見直したい点についても考えます。そして行き着いた結論として、後継者が現経営者の主導する経営、会社の方針等から抜本的な変革を望む、ということが起こります。

もちろん、後継者が変革を望むことは必ずしも悪いことではなく、抜本的な変革が求められている企業もあります。問題なのは、経営を承継するにあたって無理に自分の経営のスタイルを築こうとすること、現経営者の経営のスタイル・方針をとりあえず変えてしまおうとすることです。

現経営者と後継者、それぞれの独りよがりな考えによりお互いの目線にズレが生じ、そのズレを解消させないまま経営の承継を行ってしまうと、必ずどこかで現経営者と後継者の意見が衝突する場面が訪れ、その衝突は、その企業で働く従業員はもちろんのこと、取引先にまで影響を及ぼしてしまう可能性があります。

逆に現経営者と後継者両名が納得して定めた目指すべき方向性であれば、

図表Ⅳ－5　現経営者と後継者の共有認識

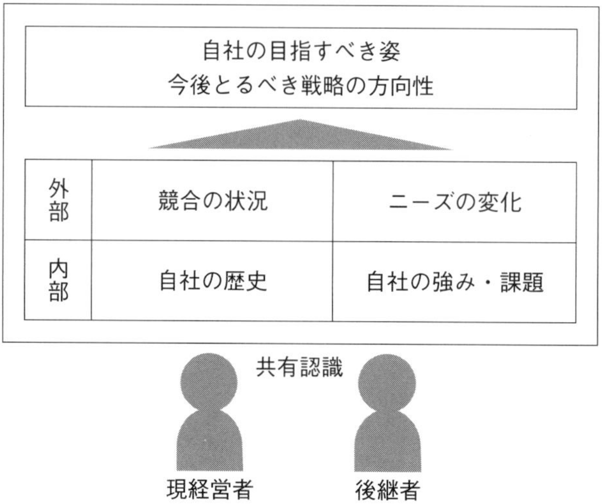

ステークホルダーからの賛同も得られますし、従業員がその方向性に納得をすることができれば、目指す方向に向かう力強い推進力となります（図表Ⅳ－5）。

②　経営の承継は現経営者が率先して取組みを始める

現経営者は、まず、経営の承継は現経営者自身がやらなければならない責務であることをあらためて認識する必要があります。

上場の大手企業であれば、任期や株主等のステークホルダーからの「外圧」により、経営者の交代が促されます。

一方、オーナー企業においては最大株主＝現経営者であり、自身が承継に向け取組みを始めなければ、何も進みません。

当然、企業は存続のために必要な原資を稼ぐことも必要であり、現経営者は利益をあげるために現在直面している課題の解決で精いっぱい、といったケースもあるかもしれません。

しかし、「いまはそれどころではない」「まだまだ経営を引き継がせる時期ではない」と先送りしてしまっては、経営を円滑に承継することなどできなくなってしまいます。

「経営者ならでは」あるいは「経営者にしかできない」仕事はいうまでもなく「長期的な視点での戦略・実施すべき取組みを考え、着実に実行に移していくこと」です。現経営者は、目の前の課題の解決に取り組みつつも、そこに固執することなく長期的な視点をもって、後継者育成等、永続的に会社が成長していくための準備を進めていかなくてはなりません。

後継者は自身の糧とすべく、現経営者の意識や行動を注視しています。現経営者は自ら、後継者に対して「承継」という企業の長期的最重要課題に取り組む姿をみせるとともに、将来想定される経営課題については後継者が主体となって解決に取り組めるようサポートすることが重要です。

③　承継を企業のさらなる成長のきっかけにする

世の中には、幾多もの商品・サービスが出回っていますが、そのなかのどの商品・サービスにも必ずライフサイクルというものが存在します。商品が市場に出、普及し、需要のピークを迎え、安定的な需要を獲得するようになり、やがて、市場・顧客のニーズの変化とともに衰退していく一連の流れがライフサイクルであり、期間の長短はあれ、ほぼすべての商品・サービス、事業には「寿命」があるのです。

商品・サービスと同様、これらを提供する企業自体にもライフサイクルは存在します。企業のライフサイクルは、一般的に、創業期・成長期・成熟期・衰退期に分けられます（図表Ⅳ－６）。

創業期は、事業を広く展開していくための経営資源（資金調達等）の確保や、取引先・顧客の開拓を行います。成長期では、取引先・顧客との関係を強化し、創業期に確立したビジネスモデルを市場に浸透させていく時期となります。そして、市場が成熟し、企業としての拡大も限界を迎えたところで、企業は成熟期を迎えます。成熟期では、事業の規模、業績等は横ばいの状況が続きます。ただし、需要が減ることで市場が縮小してくると、企業は

図表Ⅳ－6　企業のライフサイクルと承継のタイミング

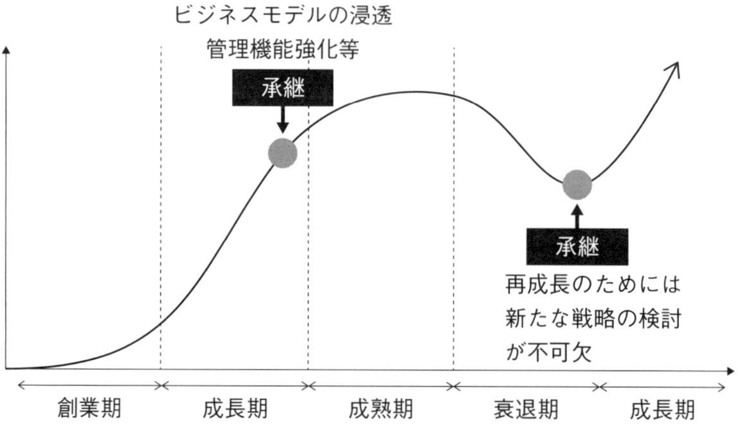

市場とともに衰退期に入ってしまいます。

事業承継はこういった既存の事業環境を冷静にとらえ、中長期的な視点で企業の方向性を考えるよい機会です。

成長期にある企業であれば、創業期において構築したビジネスモデルを市場に浸透させるため、既存のビジネスモデルを効率化・汎用化させることが重要であり、後継者は、現経営者のビジネスモデルを忠実に引き継いだうえで、その業務を着実に実行するための組織管理体制を構築することで、円滑に経営を承継することができるかもしれません。

しかし、成熟期にある企業において経営の承継を行う場合、後継者が現経営者のビジネスモデルを引き継ぐことだけでは、企業が安定した経営を長く続けていけるのか不安が残ります。市場が縮小してしまった場合には、企業の業績に多大な悪影響を与える可能性があるからです。このため、成熟期にある企業の経営を承継するにあたっては、現経営者のビジネスモデルは引き継ぎつつも、企業を成長期へ転換させるための新規事業領域等への取組みを推進していかなければなりません。

さらに、衰退期にある企業の承継を行う場合に至っては、その新規事業領域等への進出等、新たな戦略の検討・推進が最優先課題となります。

企業を成熟期または衰退期から成長期へと転換させることは簡単にできることではありません。それでも、企業としての存続・持続的な成長を実現するためには、市場・顧客の先行きを冷静にとらえ、衰退期に入ると判断した場合には、新たな商品・サービス、または新たな市場を開拓し、成熟期を成長期へと転換させる必要があります。

100年企業のなかには、経営者の代が変わるごとに「必ず一つは新しい事業を立ち上げること」を家訓としているところもあります。

特に変化が激しく大きな転換点を迎えている現在において、後継者としては、自社の既存商品・サービスの「寿命」を見極めつつ、自社の「強み」を活かした新たな展開を検討するといった視点が非常に重要です。

④　後継者は企業のDNAを引き継ぐ

後継者は、現経営者から経営を承継するといった場合、何を承継していくべきなのでしょうか。

現在の企業を取り巻く環境は目まぐるしく変化をしており、現経営者がとってきた経営戦略（商いの手法）をそのまま引き継いだとしても、企業が永続的に成長することはむずかしいでしょう。かといって、後継者自身の個人の能力にのみ頼った経営を行ってしまっても、企業の経営は行き詰まってしまいます。

後継者は、これから会社の代表になるといっても、新たに自ら会社を興して起業するわけではありません。後継者が経営を引き継ぐ企業には必ず歴史や企業のDNA（遺伝子）ともいうべき固有の価値観があります。その企業には、創業者の創業時の思いやその企業が負うべき使命、企業経営・存続の目的、あるいは自社特有の組織風土・雰囲気が必ずあるはずです。それは、たとえば、経営理念や社是・社訓といった言葉で掲げられているものかもしれません。

これらは目にみえるものではありませんが、お客様や取引先企業が自社と取引を続けてくれる要因、社員が自社で働き続ける支えや原動力になっていることが多くあります。

後継者は経営の承継にあたって、この企業の歴代の経営者がどのようなことを経営の拠り所とし、何を守り抜いてきたのか、この企業の存在意義とは何であるのかを理解しなければなりません。経営理念や行動指針等としてまとめられている言葉の真の意味を自分なりに理解・解釈することが、これからの企業の経営を担っていくうえで、あるいは各関係者の支持・信頼を得るうえでとても重要なものとなります。

また、後継者は経営を承継するにあたって、現経営者、さらには歴代の経営者へ尊敬の気持ちを忘れてはなりません。現経営者の経営における過去の失敗や、欠点などを責めることをしては、お互いの信頼関係は薄れることとなりますし、社内外の関係者からの信頼も失いかねません。現経営者は、後継者が経営を引き継ぐタイミングまで、その企業を守ってきた功績者として敬いつつ、過去の失敗を責めるのではなく、その原因や背景を調査することで、同じ轍は踏まないようにこれからの糧とすることが、企業の発展につながります。

同じ轍を踏まないようにするためには、後継者は現経営者と密にコミュニケーションをとり、経営の指導を受けることが欠かせません。後継者が、これからは自分の時代であるという考えのもとで自分本位の経営を行うと、過去と同じ過ちを繰り返してしまうというケースが往々にしてあります。

経営の承継は、社長を交代した時点で完結するものではありません。経営の承継には、現経営者と後継者の並走期間が必要となります。後継者は、現経営者に常時相談をし、指導を受けることで、自身に欠けている部分を補完し、徐々に一人前の経営者へと成長していくことができるのです。

後継者は、これから企業を支えるにあたって、とてもたくさんの困難と向き合わなければなりません。それは、現経営者から単に受け継ぐだけでなく、自ら何かを新たに始め、企業をさらに発展させなければならないからです。それはつまり、後継者でありながら、創業者として挑戦する姿勢が求められるということでもあります。

そのような時、創業から守り抜いてきた企業経営の目的である経営理念や行動指針が支えとなれば、これからの企業の方向性を見誤ることなく、あるべき方向へと進むことができるのです。

(2) 人づくり

① 後継者一人で会社の経営はできない

後継者自身を経営者として育成していく方法については第Ⅲ章で述べたとおりです。

しかし、後継者がどんなに経営者としての素養があり、その能力を磨いたとしても、後継者一人だけで経営をしていくことは困難です。したがって、経営の承継にあたっては、後継者の育成だけでなく、後継者をさまざまな面から支える次世代経営幹部の育成も欠かすことができません。

また、中小企業の場合、現経営者の業務を洗い出してみると、現経営者の専権事項の多さに驚かされるケースがよくあります。専権事項とは、現在、現経営者一人で行っている業務を指します。

自社の戦略はもちろんのこと、設備やシステム等の投資の判断、評価や給与・賞与といった人事関連、金融機関交渉の窓口まで、すなわち会社の戦略からサイフまで、すべてを現経営者一人が握っているということは決して珍しくありません。

後継者は、経営者としての経験は浅く、さらに激しく変化する現在の経営環境のなかにおいては、いきなりすべての業務を引き継ぎ、現経営者と同じようにこなすことはできません。ですから、事業承継を成功させるには、現経営者の業務は後継者個人ではなく、「組織」として引き継いでいくことが重要です。

そのためには、現経営者の業務を、「後継者がそのまま引き継ぐべきもの」「業務自体は経営幹部に引き継ぎ最終的な判断のみ後継者が行うもの」等に

図表Ⅳ－7　後継者を核とする組織による承継

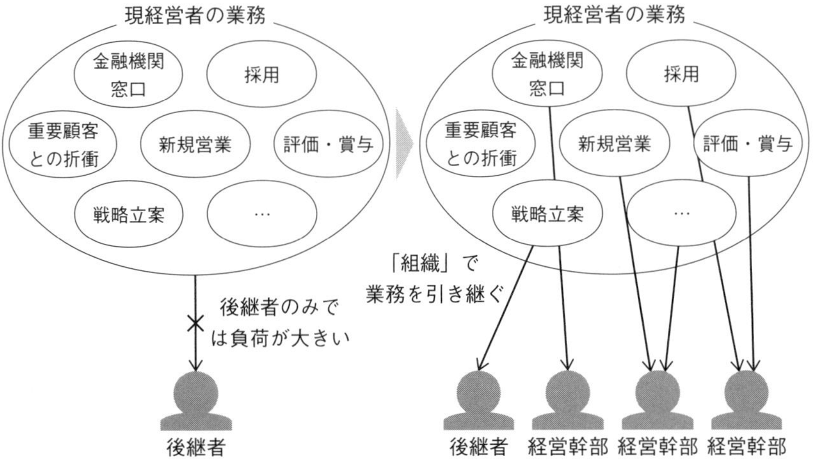

振り分けます。

組織として承継すべきものは、最終的な判断は後継者自身で下すとしても、実務は経営幹部が主体となって取り組まなくてはなりません。

そのため、事業承継を成功させる「人づくり」には、後継者自身の育成もさることながら、後継者をサポートする経営幹部の育成が欠かせないのです(図表Ⅳ－7)。

②　後継者をサポートする次世代幹部の育成

①で述べたように、現経営者の業務を「組織」として引き継いでいくためには、経営幹部についても育成が必要です。

重要なのは「経営者視点の涵養」と「後継者も含めた経営チームづくり」の二つです。

一つ目の「経営者視点の涵養」は、経営者のごとく、全社的な視点で自社の課題や方向性を見出し、必要な取組みを検討・実行する意識・能力を身につけてもらう、ということです。

営業や生産、財務・管理、あるいはA事業部門、B事業部門と、実際の組織運営上は役割分担をするわけですが、それぞれの部門最適視点ではよい経営はできません。

したがって、経営や戦略、人事・労務や財務知識、営業・生産にかかわる基礎知識など、全社を俯瞰的にみるために最低限必要な知識・考え方を経営陣の「共通言語」として理解してもらったうえで、自ら中期の事業戦略を策定・実行し成果につなげていく、あるいは自社の重要課題を解決していく経験を積ませながら「経営者視点」を育てていく必要があります。

真の経営者目線とは短期的な研修や強制で身につく能力ではありません。時間をかけ、実体験としての経験を積み上げてもらいながら、本人がその必要性・重要性に気づかなければ、本当の意味で「経営者視点」が身につくことはないのです。

二つ目の「後継者も含めた経営チームづくり」とは、上記のような一人ひとりの能力育成だけでなく、チームとしての意識を醸成すべきであるということです。

中堅中小企業では意外にも「縦割り」組織で、横のつながり・連携がとれていないことが少なくありません。特に現経営者が創業者の場合は、ワンマンで全社的に重要な意思決定・指示はすべて現経営者が行い、部門長は社長の指示に従っていればよい、といった雰囲気になっている企業が多くみられます。このような状態でいまだ経営者としての経験が浅い後継者が同じかたちで経営を引き継いでも安定した経営はむずかしいでしょう。

承継後、後継者および経営幹部といった集団指導体制で経営を行うことを志向するのであれば、チームとして、お互いの考えや価値観を十分に理解し、必要なときに必要な議論ができる関係性を築いておく必要があります。こういった関係性も短期的につくることはむずかしく、さまざまな課題の解決にともに取り組む、といった経験をする必要があります。

現経営者あるいは後継者は次世代を担う経営幹部候補の特性や現時点での能力・経験をふまえ、中長期的に育成の計画を立て、徐々に進めていく必要があります。

⑶　組織（仕組み）づくり

①　後継者にあった組織づくりをする

「経営」の承継においてよくあげられる課題として、現経営者（特に創業者）と後継者の特性（性格や社員への影響力など）の違いへの対応があります。

現状の組織や意思決定の仕組みは、事業内容はもちろんのこと、現経営者の意向や特性、スタイルにあわせてつくられています。また、現経営者に対する社員の信頼や反応など、可視化・言語化できないようなさまざまな微妙な事象の「影響」も受けながら、徐々に補正され、現在の「最適な」かたちになっています。

当然ながら、後継者は現経営者と考えも性格も異なります。

このため、後継者に経営の承継が行われるタイミングにおいては、その考えや経営スタイルにあわせ、徐々に組織や仕組みをつくり変えていくことが必要です。

創業者社長によるカリスマ・ワンマン経営から後継者を中心とする集団指導体制、組織的経営に変えていくというのも一つの例です（図表Ⅳ－８）。

組織的経営とは、最終的な判断は経営トップが下すものの、その判断の過程においては、経営トップだけでなく、役員等の経営幹部層からの意見等も取り入れ、意思決定を行っていく経営方法を指します。

図表Ⅳ－8　集団指導体制への移行

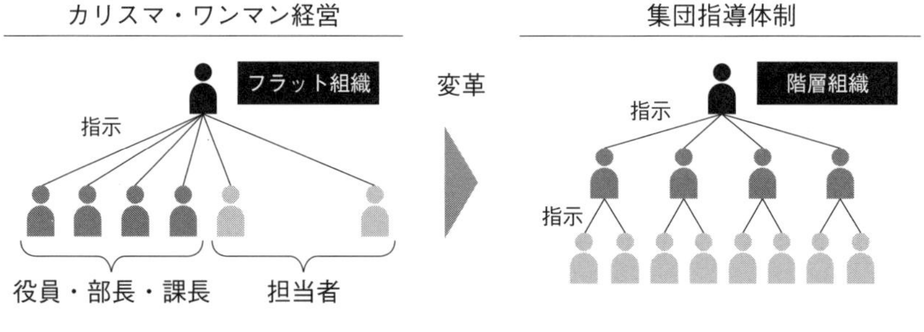

また、すべてを経営トップの判断に委ねるのではなく、一定の部分については他の役員や管理職クラスへと権限を委譲することも組織的経営の重要なポイントとなります。

昨今の企業を取り巻く環境は目まぐるしく変化しており、企業を存続させるためには、この潮流をとらえ、常に先回りをして対応していくことが非常に重要です。

そのためには、企業の舵取りは、的確かつスピーディーに行っていかなくてはなりません。

的確な判断を下すためには、自らの経験や勘に頼るだけではなく、さまざまな情報を入手し、その情報から総合的に判断することが必須となります。組織の再構築を行う場合には、いかに後継者や意思決定にかかわる経営幹部に必要な情報が集まる環境を整えるか、がポイントになります。

また、スピーディーに取組みを実行するためには、権限移譲は欠かせません。すべてを経営トップの判断に委ねていたのでは、意思決定のスピードが遅くなってしまいます。もちろん、企業にとって重要な判断は、最終的には経営トップが行うべきであり、内容やその意思決定から生じる影響の大きさにより、誰が意思決定・決裁するのか、ということを柔軟に設計すべきです。

② 組織づくりに伴う変革は時間をかけて行う

先に述べたように、「経営」の承継にあたっては、現経営者にあわせてできあがった組織・仕組みを後継者にあわせ、再構築する必要がありますが、これらは社員をはじめ、関係者の反応もみながら、徐々に行うべきです。

「後継者にあわせて」というと「(経営者が) 変わった瞬間に変える必要がある」ととらえる方もいますが、急激な変化は、関係者の「不安」や事業運営の「混乱」を招く可能性もあります。後継者自身は意図していなくても「現経営者やこれまで社員がやってきたことへの否定だ」「今後、さらに自分たちが不利益を被るようなことが行われる」と負の反応を招き、他の取組みの推進にも悪影響を与えかねません。

事業不振が続いており「企業存亡の危機」という場合は別ですが、企業が安定的な状態にあるのであれば、関係者にも変革・再構築の必要性を説明し、納得を得つつ、よい影響・悪い影響を冷静に評価しながら時間をかけて進めるほうが、結果として円滑な承継につながります。

(4) 計画づくり

① 承継後の企業ビジョン・中長期事業計画を策定する

事業承継の対策の一つとして、次世代のビジョンや中長期事業計画を策定することは非常に重要です。これらを策定する大きな目的は二つあります。

一つ目は後継者および次世代幹部候補の育成、二つ目は自社を取り巻く環境、自社が抱える課題を整理し、自社がこれから目指すべき方向性について現経営者と後継者で合意を図ること、にあります。

中長期事業計画とは、企業がこれから３年後～10年後の目標を掲げ、その目標を達成するための戦略およびその戦略を実行するための施策を定めた計画書です。つまり、中長期事業計画とは、経営の舵取りをしていくうえで根幹を成す、指針を定めたものです。

現在の企業経営を取り巻く環境は目まぐるしく変化しており、特に昨今では、多くの市場が成熟化・縮小し、競争が激しくなっていることもあり、これまで以上にその企業独自の付加価値を提供し、さまざまな意味でより質の高い経営に転換していかなければならない状況になりつつあります。

企業独自の付加価値を追い求めるためには、企業を取り巻く環境（法規制経済動向、社会的な動向、技術革新等）を整理し、同業・競合他社の取組みも把握したうえで、その環境の変化にどう対応していくのか、どうやって顧客のニーズを先回りしてとらえていくのか等を、自社のリソースや自社の強み等をふまえたうえで検討していかなければなりません。

中長期事業計画を策定することは、企業のこれからの戦略を練ることであり、経営的な視点での検討が必要なため、後継者や次世代経営幹部候補者を将来の経営者・経営チームとして育成する手段として非常に有効です。

また、策定された内容について、現経営者と後継者が合意形成を行い、その計画を実行していくことができれば、「経営」の承継を進めていくうえでの基盤にもなります。

さらに、可能であれば、これらを他の社員にも共有することもお勧めします。何事においても、経営者の影響が大きいオーナー企業において、社員は、後継者自身が想像する以上に「今後企業がどうなっていくのか」「自分たち社員はどうなっていくのか」について不安を感じています。そのなかで「目指す姿」や「実現の道すじ」を「計画」というかたちにして示すことは「不安」の払拭、モチベーション向上にもつながります。

② 中長期事業計画に掲げるもの

企業経営を取り巻く環境が激変しているといった現在の状況は、必ずしも企業にとってマイナスの影響ばかりではありません。このような環境においても成長している企業はあるのです。成長している企業はこのような環境変化をチャンスととらえ、積極的に新たな事業領域展開への挑戦をしています。

これはその時の直感やその場しのぎの対応でなせることではありません。目指す姿や成果が得られるまでの算段をつけ、計画的に取り組まなければ、成功はむずかしいでしょう。

中長期事業計画とは、こういった「新たな領域への挑戦」も含め、「目指す姿」とその実現に向けた「道すじ」を定めるものです。

この中長期事業計画には、「（3年後～10年後に）達成すべき目標」と「その目標を達成するための道すじ（＝戦略）」の二つの要素を織り込まなくてはなりません。

「目標」の設定にあたっては、3年後～10年後に目指すべき姿、達成すべき目標をできるだけ具体的に掲げることが重要です。たとえば、「売上げ○

億円・営業利益○億円達成」といった数値や「○○領域においてシェアNo.1を目指す」といった、後に達成度の評価が可能な内容にするのです。この「目標」が具体的であればあるほど、達成するための戦略が明確にしやすくなり、その戦略を実行していくための施策も具体的にイメージできます。

さらに、これらの計画を「絵に描いた餅」にしないためにも、施策には、より具体的なアクションプランを定めておくことが重要です。

(5) 風土づくり

① よき「DNA」を継承し、新たに必要な組織風土を醸成する

ここで述べる「DNA」とは、創業者あるいは企業が事業を行ううえで大切にしてきた考え方・価値観、あるいはそれらをもとにしてできあがった「社風」を指します。一般的に「○○流」「△△イズム」といった言葉で表現される、その企業特有の「スタイル」ともいえます。

企業においては、製品やサービスといった「目にみえる」ものだけでなく、社風や社員の特性といった「目にみえない」ものが他社との差異化要因になっていることも多くあります。

オーナー企業の場合、経営者が組織風土に与える影響も大きく、経営者が交代するタイミングでは、これらが大きく変わってしまう可能性があります。

したがって、「経営」の承継のタイミングで、現経営者まで代々の経営者がつくりあげ、これまでの企業の存続・成長の礎となってきたよき「DNA」を失うことなく継承し、環境変化や企業の状態に応じ、新たに必要な組織風土を醸成する、といった取組みが重要です。

それでは、よりよい組織風土を醸成するためには、何をしていけばよいのでしょうか。

まず必要なのは、こういった自社内で共有すべき考え方・価値観・行動な

どを「明文化」することです。「明文化」したものは「社是・社訓」「行動指針」「ウェイ（直訳すると「道」。「武士道」「騎士道」という言葉のように、守るべき価値観を明文化したもの）」など、さまざまな呼び方があります。

現経営者のサポートを受けつつ、後継者や次世代経営幹部が中心となり、「誠実」「技術へのこだわり」「顧客ニーズの追求」など、これまでの自社の歴史、大切にしてきた考えを紐解き、「挑戦」「グローバル視点」など、将来の環境変化をふまえながら、新たに醸成すべき組織風土を加え、今後の自社にとって重要なものを明文化し、共有すべきです。

長く続いている企業には、社内・現場でよく使われる言葉やキーワードが必ずあります。こういった言葉を取り入れながら「明文化」を進めるのも一つの手です。

② 「あるべき風土」の浸透・体現を促す

明文化された「あるべき風土」はそれだけでは意味がありません。社員に浸透し、体現されてはじめて、企業や社員の成長につながり、有用なものになります。

しかし、実際に社員に共有・体現してもらい、「風土」として定着させることは容易なことではありません。

浸透・体現における主なポイントは以下の三つです。

一つ目は「経営者の継続的な発信」です。朝礼や期初の方針発表会など、経営者が社員に対して、ことあるごとに発信する、この行動指針にからめて方針の説明を行うなど、「経営者自身がいつもこれらを意識し行動・意思決定している」ということを継続的に伝えることが重要です。

二つ目は「社内の業務プロセスや仕組み・制度への反映」です。社内「行動指針」等が実践できるよう、業務の進め方や仕組みを見直したり、体現ができる環境を整えるようにします。たとえば、「挑戦」という行動指針を掲げた場合に、通常の業務内での実践がむずかしければ、「改善提案制度」や「新規事業アイデアコンテスト」など、実践できる場・環境をつくるということも必要です。

三つ目は「実践した人が適切に評価される仕組みをつくること」です。人事評価・報酬などに反映するかどうかは、企業の考え方によりますが、少なくとも表彰等で実践した人が社内で認められ、評価される仕組みを検討すべきです。

先に述べた「共有すべき価値観・行動指針の明文化」も含め、これらを後継者や次世代経営幹部に検討・推進させることは自社の過去と未来を考え、実践のなかでリーダーシップを培うよい機会にもなります。

コラム❸

理念を体現する「制度・仕組み」の重要性

「元社員の50回忌行事を行う」「人材育成については20年先まで計画を立てる」「自社の工場に入るときは『右折入場』禁止（他の車の通行の妨げになることを防ぐ)」。一見、「なぜそこまで？」と思われるような制度やルールですが、これらは実際に創業から100年以上の歴史をもつ老舗企業で実際に取り入れられているものです。

これらの企業の理念や社是には「社員を大事にする」「地域・社会に貢献・奉仕する」といった内容が記され、それを体現するための「制度・仕組み」が先に述べた例です。

老舗企業に限らず、「社員・人材を大切にする」といったメッセージを掲げている企業は多いと思います。しかし、本当に社員を大切にしていたり、育成を最優先課題として取り組んでいる企業はごく一部ではないでしょうか。いかに立派な理念を掲げていようと、それが「体現」（＝目にみえる、社員本人たちがそう感じる状態になっている）されていなければ、理念や社是の価値はありません。

たとえ、それが一見「突飛」なものであったとしても、その企業の理念が体現されていれば、社員や人々にとって価値あるものとなり、ひいては企業の価値・成長につながっていくのです。

事業承継は、こういった自社の理念や社是をあらためて確認し、自社の方向性や取組みが（理念や社是にてらして）適切か、それらを体現できているかを確認し、今後の方向性を見定める非常によい機会ではないでしょうか。

4　「所有」（オーナーシップ）の視点

(1)　基本的な考え方

事業承継を「所有」の観点から考えると、経営上の安定に配慮しつつ株主構成を定め、コストを最小限に抑えながら、承継を行うことが重要です。後継者を軸に、誰にどれだけの株式をもたせ（株式の承継先の決定）、その株式の承継をどのように実現するか（承継方法の選択）を考えるうえで最も重要なことは、経営上の安定に配慮することです。事業承継が事業に悪影響を及ぼすことがないように適切なかたちで後継者にバトンを渡す必要があります。

経営上の安定に配慮すること以外に、株式の承継先と承継方法を考えるうえで考慮すべきポイントが二つあります。

一つ目は「税負担への対策」です。株式承継時に生じる税負担は金額も大きくなるため、現経営者にとっては非常に大きな課題です。また税負担に大きな影響を与える株価は会社の業績や財務状況等により大きく変動するため、実際の税負担が不確定といった点も悩ましいところです。税負担は事業承継における最大の課題といっても過言ではありません。

二つ目は「争族対策」です。経営層に親族が数多く関与している場合には経営権の争いが起こる可能性があります。また、経営に関与しておらずとも、株式には財産としての側面もあるため、株式の承継をめぐってトラブルになることもあります。

事業承継計画を策定する際には、経営者は上記のようなポイントを念頭に置きつつ、具体的な株式の承継先・承継方法を考えていく必要があります。その際、定型的な検討プロセスがあるわけではありませんが、一例として図表Ⅳ－9のようなプロセスで各論点を検討いただくとよいでしょう。

なお、本書において後述する具体的な承継方法に関しては、一般的に問題

図表Ⅳ－９　所有の視点での承継計画策定のポイント

	項　目	検討ポイント
STEP 1 株主構成	①将来の株主構成の決定	✓ 後継者は決まっているか　親族か　親族外か ✓ 後継者にどの程度株式（経営権）を集中させるか ✓ 法定相続人への手当は考えているか　法定遺留分対策は必要か
STEP 2 承継方法	①贈与（暦年贈与） ②贈与（事業承継税制適用） ③贈与（相続時精算課税） ④譲渡 ⑤相続	✓ いつ株式を承継させるか　段階的に承継することも可能か ✓ 経営者が承継のタイミングで引退する想定か ✓ 事業承継税制の適用要件を満たすことができるか ✓ 株式承継による経営者のキャピタルゲイン（一定の利潤）は必要か ✓ 後継者に買取資金（または資金確保のメド）はあるか ✓ 将来における株価は上昇する見込みか
STEP 3 株価対策	①１株単価の引下げ ②承継株式数の減少	✓ 現株主に外部株主はいないか　株主への配当を抑制できるか ✓ 損出できるような資産があるか ✓ 安定株主を活用する場合、長期的に運用する見込みがあるか　等
STEP 4 納税資金	①納税資金の確保	✓ 株式以外に流動性の高い財産があるか

になりやすい留意事項を中心に記載しており、あらゆる論点を網羅的に整理したものではないこと、また、一般的な見解に基づき記載しており、会社の個別事情や前提条件の違いにより同様の見解とならない可能性がある点には十分ご留意ください。この章における「所有」(オーナーシップ)の論点は、相続税のみならず、法人税、所得税等の税法や民法や会社法といった専門知識がなければ、実行する際に落とし穴にはまる可能性があるため、実際に承継計画を策定する際には、外部専門家に相談しつつ検討することを強くお勧めします。

(2) 株式の承継先の決定

株式の承継先は、先の第Ⅱ章3(2)で述べたように、「経営権の安定」を最優先すべきであり、普通株式は後継者一人に集約するのが望ましいかたちです。なぜなら、経営の重要事項に関する意思決定については株式会社の最高意思決定機関である株主総会にて決められ、株主が保有する議決権の割合によって株主総会で決議可能な事項が変わってくるからです。株主総会の決議の種類・内容と主な決議事項例は図表Ⅳ－10に示すとおりですが、経営を行っていくうえで重要なポイントとなる、役員の選任・解任、役員報酬・剰余金の配当等を決めるためには2分の1超、会社の憲法である定款を変更したり組織再編を行ったりするためには3分の2超の議決権が必要になります。そういった意味で、安定的な経営を行っていくためには3分の2超、最低限会社を管理・運営していくためには、少なくとも2分の1超の議決権は確保すべきと考えられます。

なお、保有する議決権数または議決権割合によっては、図表Ⅳ－11のような権利を後継者以外の少数株主に与えることになり、経営に関する重要な意思決定がしにくくなることがあります。場合によっては、株主代表訴訟を起こされたり、高値での株式買取請求を起こされたりする可能性もあるため、注意が必要です。

後継者に、株式の集約や議決権確保に関する十分な理解があったとして

図表Ⅳ－10　後継者が確保すべき経営権

決議の種類	内　容	主な決議事項例
普通決議	■議決権を行使することができる株主の議決権の過半数を有する株主が出席し、出席した当該株主の議決権の過半数をもって行う決議（会社法309条１項）	①株主全員からの自己株式の取得（会社法156条） ②役員・会計監査人の選任（同法329条） ③取締役等の解任（同法339条） ④取締役の報酬決定（同法361条）、監査役の報酬決定（同法387条） ⑤準備金等の額の減少（同法448条等） ⑥剰余金の配当（同法454条）
特別決議	■議決権を行使することができる株主の議決権の過半数を有する株主が出席し、出席した株主の議決権の３分の２以上に当たる多数をもって行う決議（同法309条２項）	①特定の株主からの自己株式取得（同法156条１項、160条１項） ②相続人等に対する株式の売渡の請求（同法175条） ③株式の併合（同法180条） ④監査役の解任（同法309条、343条） ⑤資本金の額の減少（同法447条１項） ⑥定款変更・事業譲渡等・解散 ⑦組織変更・合併・会社分割・株式交換等の組織再編
特殊決議	■議決権を行使することができる株主の半数以上であって、当該株主の議決権の３分の２以上（同法309条３項）に当たる多数をもって行う決議	①全部の株式を譲渡制限とする定款の変更（同法309条３項①）
	■総株主の半数以上あって、総株主の議決権の４分の３以上（同法309条４項）に当たる多数をもって行う決議	①株主ごとに異なる取扱いを行う旨の定款変更（同法109条）

（出所）　東京弁護士会親和全期会「同族会社・中小企業のための会社経営をめぐる実務一切」（2017年１月）をもとに筆者作成。

図表Ⅳ－11　少数株主の権利の抜粋

議決権の数	権利の内容	根拠条文 （会社法）	6カ月前からの 株式継続保有要件
1個以上の議決権	株主総会の議案提出権	304条、325条	—
	株主総会等の決議の取消訴権	831条	—
	会社の組織に関する行為の無効訴権	828条	—
	代表訴訟提起権	847条	○
	取締役の違法行為の差止請求権	360条	○
	定款の閲覧等請求権	31条2項	—
	株主名簿の閲覧等請求権	125条2項・3項	—
	株主総会議事録の閲覧等請求権	318条4項	—
	取締役会議事録の閲覧等請求権	371条2項・3項	—
	計算書類の閲覧等請求権（注1）	442条3項	—
総株主の議決権の1％以上または300個以上の議決権	株主総会の議題提案権、議案の要領の通知請求権	303条、305条、325条	○(303条3項) ○(305条2項)
総株主の議決権の3％以上の議決権	株主総会の招集請求権	297条、325条	○(297条2項)
総株主の議決権の3％以上の議決権または発行済株式（自己株式を除く）の3％以上の株式	会計帳簿の閲覧等請求権（注2）	433条	—
	役員解任請求権、清算人解任請求権	854条、479条2項・3項	○(854条2項) ○(479条3項)

（注1）・計算書類等の一定の資料について書面等の閲覧・謄写ができる権利
・具体的には、貸借対照表、損益計算書、株主資本等変動計算書、個別注記表など
・親会社の株主であっても裁判所の許可を得て子会社の計算書類等を閲覧することは可能

（注2）・会計帳簿またはこれに関する資料について書面等の閲覧・謄写ができる権利
・具体的には、仕訳帳、総勘定元帳、各種補助簿、伝票、受取書など
・親会社の株主であっても裁判所の許可を得て子会社の会計帳簿を閲覧することが可能
・ただし、一定の理由に該当する場合には拒否することが可能

※上記「議決権または株式の数」は、公開会社でない取締役設置会社を前提にしている。

※上記「議決権または株式の数」は、これを下回る割合または数を定款で定めることが可能なものもある。

（出所）　東京弁護士会親和全期会「同族会社・中小企業のための会社経営をめぐる実務一切」（2017年1月）をもとに筆者作成。

も、現経営者に「万が一」が生じ、突然相続が発生してしまうと、法定相続人に法定相続分の株式等が相続されることになり、株式（議決権）が分散してしまう可能性があります。

このような事態を避けるために、被相続人は相続発生に備え、後継者一人に議決権を集約させるべく、その旨を記載した遺言書を残しておくべきです。遺言書に書かれた内容は、法定相続人・法定相続分よりも優先されるため、有効な手段となります。ただし、遺留分についても留意が必要です。遺留分とは、法定相続人に対して民法上保障されている一定割合の相続財産のことで、遺留分権利者が遺留分義務者（後継者）に遺留分侵害額請求（遺留分を侵害された者が、贈与または遺贈を受けた者に対し、遺留分侵害額に相当する金銭の支払等を請求すること）をした場合、原則、後継者は請求者に金銭を支払わなければなりません。したがって、被相続人は、たとえば、事前に議決権はないが配当を優先的に受けられる権利を付与した配当優先無議決権種類株式を発行しておき、当該種類株式を後継者以外への財産配分に充てる旨を遺言書に記載しておくなどの対策が求められます。なお、遺留分権利者と遺留分の割合は、図表Ⅳ－12のとおりです。

図表Ⅳ－12　遺留分権利者と遺留分の割合

■遺留分権利者（遺留分の侵害額請求できる権利をもっている人）
- ➢ 配偶者、子（その代襲相続人）、直系尊属（父母等）
- ➢ 兄弟姉妹は含まれないので注意

■遺留分の割合
- ➢ 遺留分権利者に保障される相続権の割合は、以下のとおり

直系尊属のみが相続人である場合	被相続人の財産の３分の１
上記以外の場合	被相続人の財産の２分の１

■遺留分額＝遺留分算定の基礎となる財産額×総体的遺留分×法定相続分

(3) 承継方法の選択

株式の承継先（将来の株主構成）が決まれば、次にどのような方法で承継させるのか考える必要があります。

株式の承継方法には大きく分けて譲渡、相続、贈与の三つの方法があり、贈与はさらに暦年贈与、事業承継税制による贈与、相続時精算課税による贈与があります。これら五つの承継方法のうちいずれを選択するかによって課税関係、遺留分への影響に違いが出てきますので総合的に判断する必要があります。特に課税関係については、選択方法により大きな税負担の違いが出ることもあり、過大な税負担によって事業に悪影響を及ぼす事態にならないよう、慎重な検討が必要です。

また、親族外承継の場合には、特に遺留分への影響を考慮する必要があります。経営を引き継がない経営者の法定相続人との争いを避けようとすると、承継方法の選択肢は限定されることになります。

経営者はどのような方法で株式を後継者に承継していくのか、各手法の特徴を理解したうえで、事前に綿密に計画しておく必要があります。

① 贈与（暦年贈与）

(A) 概　　要

株式承継の方法を考えるうえではじめに検討すべき方法として、贈与（暦年贈与）があります。贈与は、贈与者と受贈者の双方の合意さえあれば実行することができるため、手続が非常に簡便です。また時期や回数なども自由に設計して計画的に株式を承継することができるため、株式の一部を毎年後継者に贈与するといった方法は最もポピュラーな株式承継の方法として、実務上よく活用されています。

しかしながら、贈与税は相続税や所得税と比較して税率が高いため、実務上では、基礎控除額である110万円以下、もしくは110万円を若干上回る程度の少額の株式を複数年に分けて贈与することが多く、一括で株式を承継することには不向きです。そのため、暦年贈与は、株式承継の方法として単独ではなく、後述する他の株式承継の方法と組み合わせて活用されるケースが多くなっています。

(B) 課税関係

贈与を選択した場合、後継者は株式を取得する際の費用は不要ですが、贈

図表Ⅳ－13　贈与税の計算の仕組み

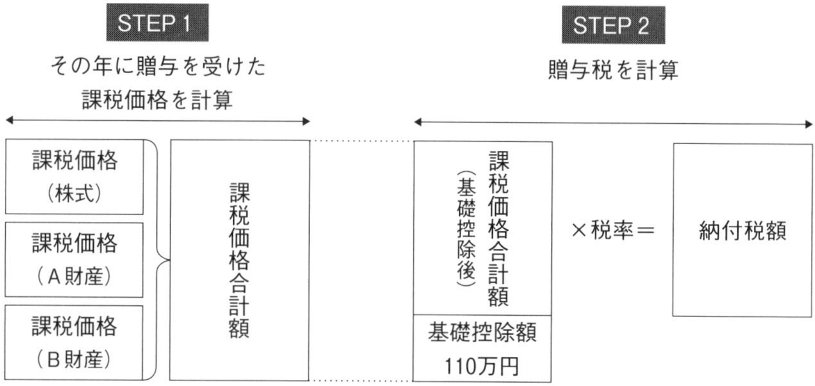

図表Ⅳ－14　贈与税の税率

特例贈与財産用

基礎控除後の課税価格	税　率	控除額
200万円以下	10%	—
400万円以下	15%	10万円
600万円以下	20%	30万円
1,000万円以下	30%	90万円
1,500万円以下	40%	190万円
3,000万円以下	45%	265万円
4,500万円以下	50%	415万円
4,500万円超	55%	640万円

一般贈与財産用

基礎控除後の課税価格	税　率	控除額
200万円以下	10%	—
300万円以下	15%	10万円
400万円以下	20%	25万円
600万円以下	30%	65万円
1,000万円以下	40%	125万円
1,500万円以下	45%	175万円
3,000万円以下	50%	250万円
3,000万円超	55%	400万円

(注)　特例贈与とは、父母または祖父母から、20歳以上の子または孫に対する贈与をいう。

与税が課税されることになります。贈与税の計算の仕組みは図表Ⅳ－13、Ⅳ－14のとおりです。

ポイントは、税率が累進課税になっているため、課税価格合計額が高ければ高いほど贈与税率も高くなることです。つまり、承継する株式の課税価格が高いほど税負担も増加することになります。また、後述する相続税と比較して累進課税の傾斜が急になっています。仮に、すべての株式を一度に贈与するとなった場合には、相続を選択した場合よりも税負担が大きくなると想定されます。

他方、贈与は相続とは異なって複数回に分けて株式承継を実行することができます。贈与税はその年の１月１日から12月31日までの１年間に贈与を受けた財産の額を合計して計算するため、株式を複数年に分けて贈与を実行し、その年の課税価格合計額を抑えて低い税率を適用することで、相続よりも税負担を少なく承継することも可能です。

贈与を活用する場合には、承継する株式を年に何株までであれば相続よりも税負担が軽くなるのかを確認しつつ、計画的に実行することが重要です。

(C)　留意事項

贈与を選択した場合、留意すべきことが大きく四つあります。

一つ目は先に述べた遺留分を考慮して対策をする必要があるということです。後継者にすべての株式を相続させようと遺言書に記載した場合であっても、後継者を除く相続人が遺留分相当の相続財産を請求してきた場合に、支払う金銭等がなければ株式を（後継者が）手放さざるをえなくなります。

二つ目は多くの親族に株式を贈与することにより株主分散をしすぎないように注意することです。暦年贈与は非常に簡単な事務手続により株式を承継することができるため、将来的な株主構成を考えずに後継者候補である子供が幼少期の頃から兄弟姉妹分け隔てなく少しずつ株式を承継するといった事例をよく見かけます。財産権という観点では兄弟姉妹が平等であることはいいのですが、経営権という観点から考えると株主の分散は将来の経営リスクになるため、将来の株主構成をよく考えたうえで実行する必要があります。

三つ目は仮に親族間による贈与であっても口約束ですまさないことです。民法では、贈与は口約束であっても有効に成立すると規定されていますが、いつでも贈与の契約を取り消すことができてしまうため、不確実性が伴います。仮に親族間での贈与であったとしても、贈与契約書を作成すべきです。

四つ目は後継者に対し複数回に分けて株式を贈与する場合、一括で贈与したとみなされないように注意が必要だということです。先に述べたとおり、贈与税は累進課税のため、その年の贈与した課税価格が高ければ高いほど税率が高くなります。そのため、一括で贈与せずに複数年に分けて贈与することが一般的ですが、「すべての株式を贈与する意思は最初からあり、引渡しを複数年に分けただけ」ということであれば、翌年以降に承継する予定の株式も含めて、最初の贈与があった年の課税価格合計額に含めて贈与税を計算する必要があります。

仮に、10年間毎年100株（100万円相当）の株式を贈与したとします。1年間に110万円まで非課税なので本来であれば贈与税はかからないのですが、最初からまとまった株式を贈与するつもりだったとみなされてしまうと1,000株（1,000万円相当）を一括で贈与したことになってしまい、多額の贈与税が課される可能性があります。

②　事業承継税制による贈与

(A)　概　　要

先に述べた暦年贈与同様、株式承継の方法を考えるうえでまず検討すべき方法として、事業承継税制による贈与があります（図表Ⅳ－15）。

事業承継税制による贈与とは、贈与の特例で、中小企業の事業承継を後押しすべく円滑な事業承継を支援するために相続税や贈与税について税制の特例を設けたものです。

経営者が経営承継円滑化法の認定を受けている非上場会社の株式を、後継者に贈与または相続させた場合において、一定の要件を満たせば納税が猶予されます。その後、さらに次の世代の後継者に株式を贈与または相続する場

図表Ⅳ－15　事業承継税制の仕組み

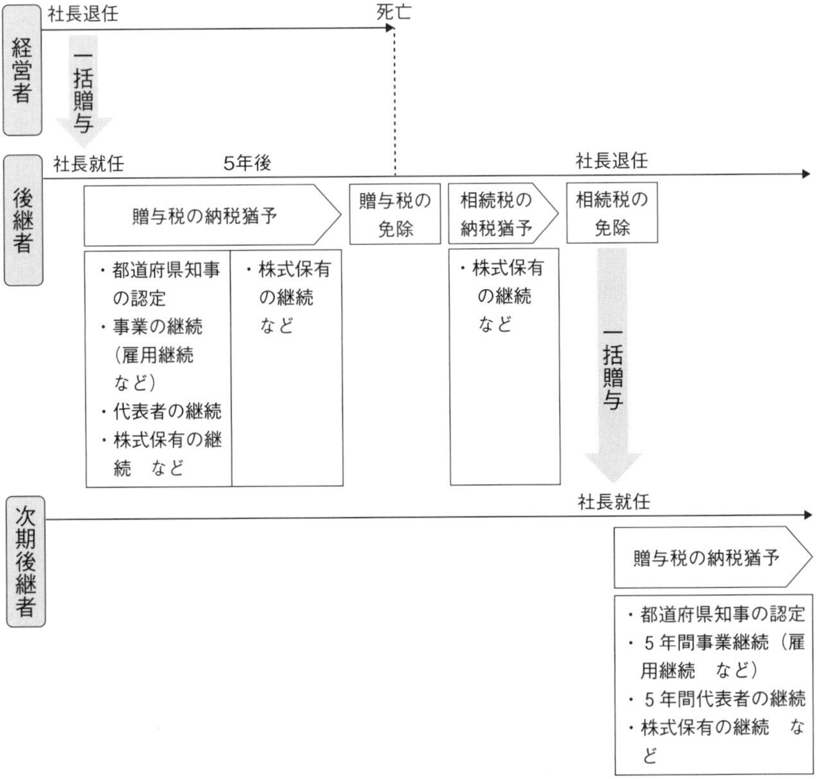

合においては、当該猶予されている贈与税・相続税が免除されることになるため、実質税負担を生じさせないことが可能です。株式承継の最大の課題ともいえる税負担を生じさせずに株式承継を実現することができるため、中小企業であれば、後継者に株式を承継させる方法としてはじめに検討すべきでしょう。

事業承継税制は2009年度に導入された制度ですが、適用要件が厳しく実務手続も煩雑なため、利用者は少数にとどまっていました。

しかし、毎年度の税制改正により、少しずつ要件が緩和され、2018年度の税制改正において、10年間の時限措置ではありつつも、使い勝手が非常によくなりました。今後、中小企業の株式承継において最も活用されるであろう制度に発展する可能性があります。

(B) 課税関係

事業承継税制を選択した場合、一定の要件を満たせば税負担は生じません。会社、経営者、後継者それぞれに要件がありますが、最も障害になりやすい要件の一つに、経営者要件の代表者退任要件があります。

後継者に経営のバトンを渡すと同時に経営者は退任する必要があるわけですが、後継者に経営を任せる不安や長年経営してきた会社から身を引くという喪失感から、なかなか意思決定に踏み切ることができない経営者も数多くいます。現行制度は10年間の時限適用であるため、今後10年間に株式承継ができるよう経営者も心の準備が必要です（図表Ⅳ－16）。

その他、細かい要件等もありますが本書においては詳細を割愛します。

図表Ⅳ－16　事業承継税制の適用を受けるための主な一定の要件

	会社要件	経営者要件	後継者要件
贈与税の納税猶予	・中小企業者要件 ・従業員数要件 ・資産保有型会社または資産運用型会社非該当要件 ・非上場要件 ・風俗営業会社非該当要件 ・円滑事業運営確保要件 ・都道府県知事の認定要件 ・事業継続要件 ・雇用確保要件	・代表者保有要件 ・代表者退任要件 ・議決権保有要件 ・筆頭株主要件	・年齢要件 ・代表者保有要件 ・役員就任要件 ・議決権保有要件 ・筆頭株主要件 ・株式保有要件
相続税の納税猶予	・同上	・上記のうち、代表者退任要件を除く	・上記のうち、年齢要件を除く

(C) 留意事項

事業承継税制による贈与を選択した場合に最も留意すべきことは、納税猶予の取消事由に該当しないようにすることです。

納税猶予の一定要件には、株式承継時（申請時）の要件のみならず、承継後の継続要件も定められています。継続要件に該当しなくなった場合、その時点において本来支払うべきだった贈与税・相続税が課せられることになります。事業承継税制の選択を受ける場合、承継時要件のみならず、継続要件も満たすことができるか、十分に検討したうえで選択する必要があります。また万が一、不測の事態により納税猶予の取消事由に該当した場合の税負担に対応すべく、後述する税負担への対策を講じておくべきです。

③ 相続時精算課税による贈与

(A) 概　　要

中小企業に該当しない、今後10年間経営から身を引く予定がない等の理由により事業承継税制による贈与を選択できない場合には、後継者が経営者の子供または孫だった場合に採用できる相続時精算課税といった贈与の特例（相続税の前払い）があります。この制度は、若い世代に財産を移転させることを目的として制定されており、原則として、60歳以上の父母または祖父母から、20歳以上の子または孫に対し、株式を贈与した場合に、暦年贈与と異なった税額計算により贈与税額を算出することができます。そのため、株式承継時の税負担は暦年贈与よりも低く株式承継が可能な場合もあり、後継者が子供または孫の場合には、有効な選択肢になりえます。

なお、後継者が経営者の子または孫であることが前提となるため、親族外承継には活用することができません。

(B) 課税関係

相続時精算課税による贈与を選択した場合、後継者は株式を取得する際の費用が不要ですが、株式承継時に贈与税が課税されることになります。相続時精算課税制度の適用を受けた場合の税額計算の仕組みは図表Ⅳ－17のとお

図表Ⅳ－17　相続時精算課税制度の贈与税・相続税の計算の仕組み

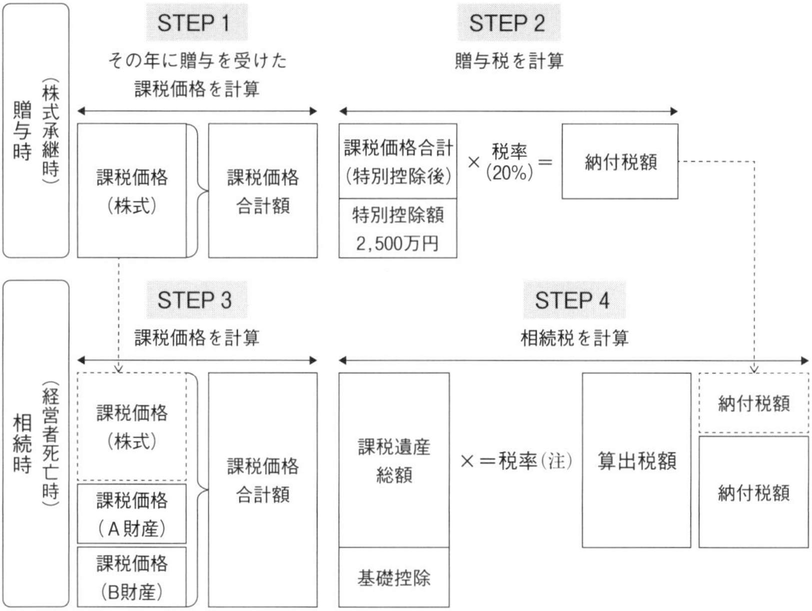

（注）　実際の計算の流れは、法定相続分で相続したものとみなして相続税の総額を計算し、実際の按分割合に応じて納付税額を算出するが、本図においては簡略化して記載。

りです。

ポイントは、課税が贈与のタイミングだけではなく、相続時にも生じることです。贈与時点では、特別控除額2,500万円を控除した課税価格合計額に税率20％で計算された贈与税を支払うだけですが、相続時には株式を贈与しなかったものとみなして他の相続財産とあわせて相続税を計算し、贈与時にすでに支払った贈与税を除いた、相続税を支払う必要があります。

つまり、贈与時には本来支払うべき相続税のうち一部の金額だけを前払いし、残りは相続のタイミングで支払う、ということになるため、事例によっては後述する相続で承継した場合と同額の税負担が生じることとなります。

他方、税額計算で使用される株価（課税価格）が贈与時の金額で固定されるという特徴もあります。たとえば、会社の業績がよく、今後株価の上昇が見込まれる場合には、贈与時の株価を固定することで⑤の相続で株式承継する場合と比較して税負担を減少させることができます。

(C) 留意事項

株式承継の方法として相続時精算課税による贈与を選択した場合、留意すべきことが大きく二つあります。

一つ目は先に述べたように課税が贈与時と相続時の二度発生するということです。相続時精算課税制度による贈与を選択する場合には、相続時の税負担も検討したうえで採用するべきです。

二つ目は相続時精算課税制度を選択した場合、暦年贈与における暦年110万円の非課税枠が消滅してしまうことです。贈与税は年間110万円が基礎控除とされており、基礎控除の枠内で後継者に株式を贈与することがよくあります。一方、相続時精算課税制度による贈与を一度適用することにより、その年度以降においては経営者から後継者に対する贈与については当該贈与の基礎控除枠を使用することができなくなります。そのため、時間をかけて株式承継ができる場合にはあまり推奨できません。

④ 譲　渡

(A) 概　要

相続、贈与と並び一般的な承継方法として後継者に有償で譲渡する方法があります。譲渡は後継者が資金の確保さえできれば即時に株式承継を実行できるため、計画的に株式を承継することができます。一括で後継者に株式を承継したい場合には、贈与と比較しても税負担が軽減される事例が多いため、有効な方法です。

また、譲渡の場合、贈与の留意事項で先に述べた遺留分対策は不要なため、確実に株式を後継者のみに承継することが可能です。また最大の特徴として、株式承継の時期を経営者の意思で自由に決められることがあります。

しかしながら、後述する留意事項が足枷となり、実務上ではさほど積極的に活用されていません。後継者が親族ではなく第三者である事例や、株価が限りなく低く買取資金がさほど必要ないということでなければ、あえて譲渡という方法を選択することはあまりお勧めできません。

なお、親族承継の場合は先に述べたとおりですが、親族外承継の場合には譲渡は有効な選択肢となります。譲渡により経営者が譲渡対価を得るため、遺留分にも影響を及ぼしません。そのため、経営者の死後に争族が起こることを防ぐ対策になりえます。

(B) 課税関係

譲渡を選択した場合、原則、後継者に課税は生じませんが、経営者は譲渡所得として所得税が課税されることになります。株式を譲渡した場合の譲渡所得に係る所得税の計算の仕組みは図表Ⅳ－18のとおりです。

ポイントは、相続税・贈与税とは異なり税率が一律であるということです。一律20.315％の税率であるため、株価が高い場合には、譲渡を選択するほうが株式承継時の税負担を軽減することができることになります。また、譲渡は譲渡価額（通常は株価相当額）に税率を乗じるのではなく、含み益相当である譲渡所得にのみ課税する仕組みとなっています。譲渡価額から必要

図表Ⅳ－18　株式等の譲渡所得に係る所得税の計算の仕組み

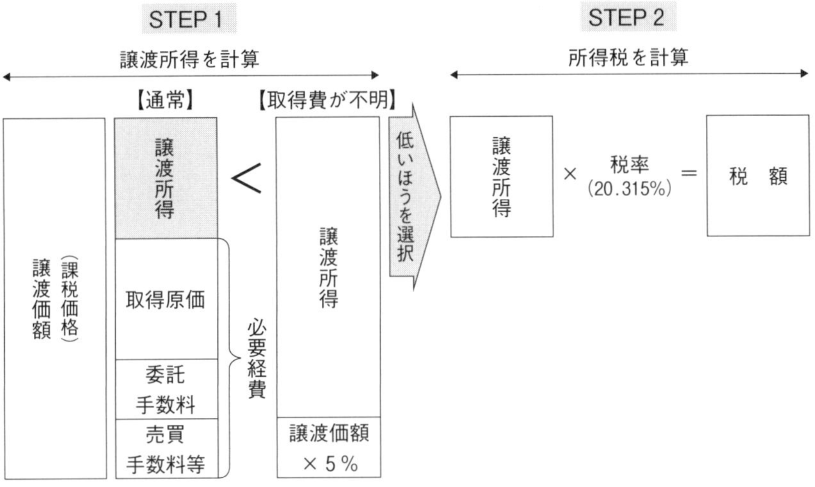

経費（主に取得原価）を控除することができるため、たとえば、経営者が所有する株式が過去に第三者から買い取った株式である場合には取得原価が相当額あり、含み益が少ない、もしくは含み益が発生しないこともありえます。この点においても相続、贈与と比較して、株式承継時の税負担を軽減できる可能性があります。

(C) 留意事項

譲渡を選択した場合、留意すべきことが大きく二つあります。

一つ目は後継者が株式を買い取るための資金の確保が必要だということです。相続・贈与の場合には無償で譲り受けるため、後継者は税負担以外の資金を確保する必要はありませんが、有償で買い取るとなると多額の資金を準備する必要があります。

通常、後継者はすべての株式を買い取ることができるだけの資金を持ち合わせていないことが多く、その場合は金融機関から資金の借入れを行うことになります。後継者は経営を引き継ぐのと同時に多額の負債を抱えることになるため、会社を継ぐことに相応の覚悟が必要となります。後継者にとって非常にハードルが高いため、親族内承継において譲渡が積極的に活用されない大きな理由の一つです。

二つ目が、経営者が譲渡価額として現預金を手にすることとなるため、その現預金に関して新たな相続対策が必要になるということです。相続や贈与であれば株式を承継した見返りに現預金を得るということもないため、本論点を検討する必要がありませんが、譲渡を選択した場合には見返りとして得た現預金を相続時に残していた場合に相続財産として新たな税負担が生じる可能性がある点に注意が必要です。単に株式承継時の税負担が低いから譲渡を選択するというのではなく、相続財産として残された現預金に係る相続税も考慮したうえで判断する必要があります。

⑤ 相　　続

(A) 概　　要

最も事例が多い承継方法として、遺産相続の遺産分割を利用して後継者に株式を相続させる方法があります。これは、対策の必要性は感じつつも問題を先送りにしたこと等により生前に何も対策がされていない事例や、対策の検討は始めたのだがタイミングが遅く検討を始めた頃にはすでに相続という選択肢しか残されておらず、結果的に相続するしかなかった、という事例が数多く生じているからです。実務上、事前に株式承継の方法を検討した結果、あえて相続を選択するといった事例は多くはありません。その理由は相続の場合、株価変動リスクを抱えることになるためです。

現経営者にとっての株式承継における悩みは、高すぎる税負担だけでなく、どれだけの税負担が発生するかわからないといった不透明さです。

株価は会社の業績や財務状況によって大きく変動します。相続時まで実際の税負担がどれだけ発生するかわからないということは会社にとっても株主にとっても非常に危険な状態です。税負担を確定させるには、相続以外の四つの方法が有効といった側面もあります。

また、仮に株価が低ければ相続税の税負担は足枷とはなりませんが、その場合には譲渡が選択されることが多いため、あえて相続を選択する事例は多くありません。

なお、計画的に相続を行う場合には、遺言書を活用することが一般的です。最近は書店や文具店で店頭に遺言書作成支援ツールが売り出されていますが、自分で遺言の全文を自書するものを自筆証書遺言といいます。自筆証書遺言書は、作成が簡単かつ安価なところが人気で近年増えつつありますが、要件不備により遺言無効となるリスクを孕んでいます。株式承継を確実に実行するためにも弁護士や司法書士、あるいは金融機関等に相談し、公正証書遺言を作成すべきです。

なお、親族外承継に相続を活用することもできますが、生前から関係親族に十分な説明をすることや遺留分対策をしなければ、「争族」に発展するリスクが高くなるため、注意が必要です。

(B) 課税関係

相続を選択した場合、後継者は、株式を取得する際の費用は不要ですが、相続税が課税されることになります。相続税の計算の仕組みは図表Ⅳ－19、Ⅳ－20のとおりです。

ポイントは、先に述べた贈与税と同様、税率が累進課税になっているため、課税遺産総額が高ければ高いほど相続税率も高くなることです。また、仮に承継する株式の課税価格が低くとも、株式以外に多額の現金や不動産等の相続財産がある場合には、相続税の税率が高くなるおそれがあるため、注意が必要です。

(C) 留意事項

相続を選択した場合、留意すべきことが大きく二つあります。

一つ目は贈与の場合と同様、遺留分を考慮して対策をする必要があるということです。

二つ目は後継者に株式承継するタイミングは相続後にしかできないということです。事前に株式承継を計画しても実際の株式承継は相続時までにでき

図表Ⅳ－19　相続税の税率（2015年1月1日以後の場合）

法定相続分に応ずる取得金額	税　率	控除額
1,000万円以下	10%	—
3,000万円以下	15%	50万円
5,000万円以下	20%	200万円
1億円以下	30%	700万円
2億円以下	40%	1,700万円
3億円以下	45%	2,700万円
6億円以下	50%	4,200万円
6億円超	55%	7,200万円

図表Ⅳ－20　相続税の計算の仕組み

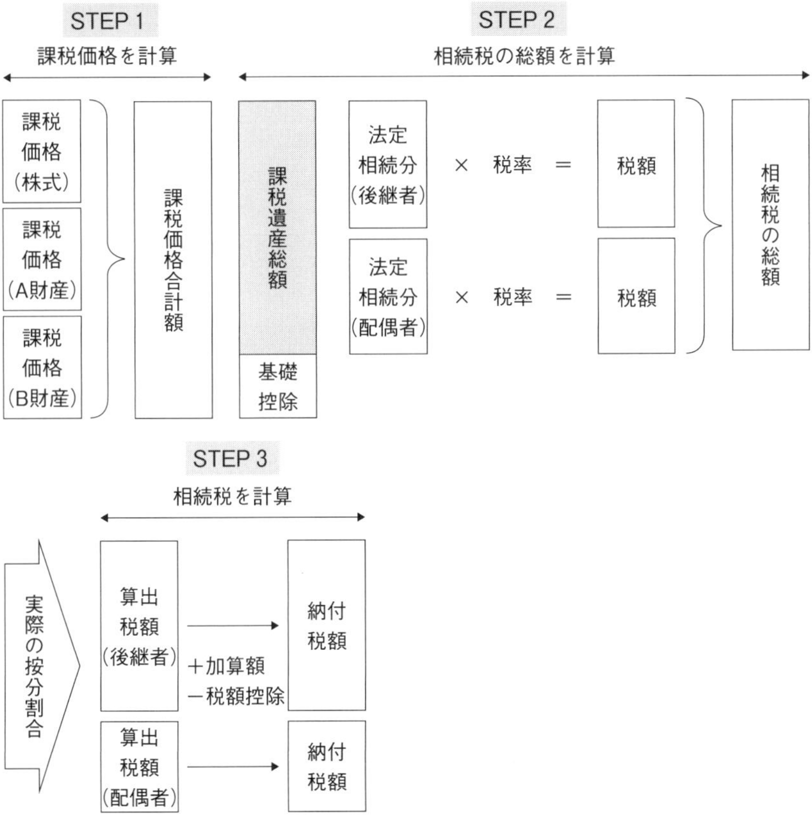

ません。相続という事象は予期しないタイミングで発生することが多いため、計画においてもいつ株式を後継者に承継させるのか時期を明確にすることができません。たとえば、社長という役職を引き継ぐタイミングで株式も承継したいという場合には、相続という方法はそぐわないということになります。

これまで五つの株式承継の方法をご紹介しましたが、簡単にまとめた資料が図表Ⅳ－21となります。株式承継方法のいずれの方法を選択すべきかは、個別事情によるところが大きいため、一概にはいえません。また一つの方法

図表Ⅳ－21　株式承継方法まとめ

	内　容	特　徴	承継時期の調整	株価対策の効果	実行するための要件	承継時の資金負担	相続時の精算	財産からの切り離し
贈与（暦年）	経営者が後継者に対して無償により株式を贈与する方法	・年間110万円までの基礎控除額あり ・（相続税と比較して）税率が高く一度に多額の株式を承継することには不向きのため、他の方法と併用されることが多い ・時間をかけて（複数回に分けて）承継できる場合に活用される	△	△	○	×（注）	○	○
事業承継税制による贈与	経営承継円滑化法に規定する一定の要件に該当し、かつ、一定の手続を実施した場合に適用できる贈与の特例を活用する方法	・無税による株式承継が可能 ・一定の要件（会社要件・経営者要件・後継者要件）を承継時および継続的に満たす必要があるため事務手続が煩雑 ・後継者が子である場合には、まず検討されることが多い	○	○	×	○	△	○
相続時精算課税	経営者が60歳以上であり、かつ、後継者が推定相続人である20歳以上の子または孫である等、一定の要件に該当した場合に適用できる贈与の特例を活用する方法	・贈与よりも低い税率での承継が可能 （ただし、相続時点においても課税されるため、通しでみると節税にならないことも） ・暦年贈与における基礎控除額（110万円）が使用できなくなる ・事業承継税制の一定の要件を満たさない場合に活用される	○	○	△	△	×	○
譲　渡	経営者が後継者に対して適正な株価により株式を譲渡する方法	・株式の含み益が小さい場合、税負担が僅少 ・経営者に資金需要（次の事業資金が必要、等）がある場合に活用されることが多い ・親族外承継時に活用されることが多い	○	△	○	×	○	×
相　続	経営者が死亡した場合に相続人である後継者に対して株式を承継する方法	・相続が発生しない限り、株式を承継できないため、計画的な承継がむずかしい。また税負担が確定しない ・事前に承継計画が作成できていない場合の事例が多い	×	×	○	△	—	—

（注）　株式を一括して承継することを前提としている。

ではなく、複数の方法を組み合わせて承継することが一般的です。経営者の方は、それぞれの方法の特徴を理解し、事業やファミリーへの影響、株価の状況、税負担への影響、経営者や後継者の思いを十分に考慮し、専門家に相談しつつ慎重に承継方法を選択する必要があります。

(4) 税負担への対策

承継先と承継方法がある程度固まれば、次に税負担への対応策を考えていく必要があります。経営者が後継者に株式を承継するとなった場合に最大の課題は税負担にかかわる対策です。

いずれの承継方法を選択した場合であっても、所得税・相続税・贈与税のいずれかの税負担が発生することになります。一般的には会社規模が大きくなればなるほど、株式承継に必要な税負担が増加する傾向にあり、多額の納税資金が必要になります。事業に悪影響を及ぼす事態を避けるためにも、税負担への対策は必要です。

税負担を軽減するためには、先に述べた株式承継の方法の選択と後述する株価対策が重要です。以下では株価対策を中心に解説していきます。

なお、親族外承継であっても株価対策にほぼ違いはありません。

① 非上場株式の税務上の評価方法

税務上における非上場株式は、原則、国税庁が定める財産評価基本通達に従って評価されます。評価会社に適用される評価方法は、①株主区分：株式を取得した後の株主が同族株主かどうか、②会社規模：評価会社の業種、総資産、従業員数、年間売上高に基づき、大会社・中会社・小会社のいずれであるか、③特定資産の保有状況等：総資産に占める株式や土地等の保有割合が一定割合を超えていないかどうか、などに基づき決定されます。

①株主区分においては、基本的に、株式を相続または贈与で取得した後の株主が同族株主であれば原則的評価方式が適用され、非同族株主であれば特例的評価方式が適用されます。一般的に、オーナー会社の株式承継の場合

図表Ⅳ－22　会社規模の判定

A　直前期末の総資産価額（帳簿価額）および直前期末以前１年間における従業員数に応ずる区分			
⑴　総資産価額（帳簿価額）			⑵　従業員数
①　卸売業	②　小売・サービス業	③　①・②以外の業種	
20億円以上	15億円以上	15億円以上	35人超
４億円以上 20億円未満	５億円以上 15億円未満	５億円以上 15億円未満	35人超
２億円以上 ４億円未満	2.5億円以上 ５億円未満	2.5億円以上 ５億円未満	20人超 35人以下
７千万円以上 ２億円未満	４千万円以上 2.5億円未満	５千万円以上 2.5億円未満	５人超 20人以下
７千万円未満	４千万円未満	５千万円未満	５人以下

（注）「Ｌの割合」とは、類似業種比準方式と純資産価額方式との併用方式（評価額＝類似業種比準価額×Ｌ＋純資産価額方式×（１－Ｌ））を用いる際に類似業種比準方式により評価した価額に乗じる割合のことをいう。

は、原則的評価方式が適用され、株価が高くなるケースがほとんどです。原則的評価方式よりも比較的株価が低くなる特例的評価方式は、主に少数株主に適用されます。

②会社規模においては、大きく以下の二つのステップで会社の規模を判定し、大会社、中会社、小会社のいずれに該当するのかを判定します。会社規模の判定は、原則的評価方式に係るものであるため、特例的評価方式は対象となりません。

まず、直前期末１年間における従業員数が70人以上[1]かどうかを確認します。70人以上であれば大会社に分類されます。次に、従業員数が70人未満の

１　評価会社において使用される個人で、評価会社から賃金が支払われる者。正社員のほかに、派遣、臨時、パートタイマー、アルバイト等を含む。

B　直前期末以前１年間の取引金額に応ずる区分			C　会社規模とＬの割合(注)
(3)　年間取引額			
①　卸売業	②　小売・ サービス業	③　①・②以外 の業種	
30億円以上	20億円以上	15億円以上	大会社
7億円以上 30億円未満	5億円以上 20億円未満	4億円以上 15億円未満	中会社（大） L =0.90
3.5億円以上 7億円未満	2.5億円以上 5億円未満	2億円以上 4億円未満	中会社（中） L=0.75
2億以上 3.5億円未満	6千万円以上 2.5億円未満	8千万円以上 2億円未満	中会社（小） L=0.60
2億円未満	6千万円未満	8千万円未満	小会社

場合は、図表Ⅳ－22に基づき判定します。(ⅰ)Ａ欄の(1)と(2)のうちいずれか下位の区分と、(ⅱ)Ａ欄とＢ欄の区分とのいずれか上位の区分により、Ｃ欄（会社規模）を導き出します。

大会社と判定された場合は、原則として、類似業種比準方式により評価します。類似業種比準方式とは、類似業種の株価等[2]をもとに、評価する会社の１株当りの「配当金額」、「利益金額」および「純資産価額（簿価）」の三つの要素について類似業種と評価会社を比較した比準割合を乗じて株価を算出する方法です。多くの場合、後述の純資産価額方法よりも株価が低くなります。

2　国税庁ホームページの法令解釈通達にて「類似業種比準価額計算上の業種目および業種目別株価等」は確認可能。

また、小会社と判定された場合は、原則として、純資産価額方式によって評価します。純資産価額方式は、(i)相続税評価による時価評価、(ii)「相続税評価」と「法人税法上の簿価」との評価差額に対して法人税額等相当額を差し引いた残りの金額により評価する方法です。相続開始日から前3年以内に取得した土地・家屋は、原則的に取引価額で評価されることには注意を要します。

中会社と判定された場合は、大会社と小会社の評価方法を併用して評価します。中会社のなかでも、(大)、(中)、(小)の三つに分かれており、併用方式の仕組み上、評価会社の会社規模が大きいほど類似業種比準方式の割合

図表Ⅳ－23　特定評価会社等の判定

区　分	概　要	評価方式
株式保有特定会社	■総資産に占める株式等の保有割合が50％以上の会社	■純資産価額方式 ➢(S_1+S_2方式も可)
土地保有特定会社	■総資産に占める土地等の保有割合が、大会社：70％以上、中会社：90％以上の会社	■純資産価額方式
比準要素数1（2要素ゼロ）の会社	■類似業種比準価額の計算のもととなる①配当、②利益、③純資産、のうち、いずれか二つがゼロである会社	■純資産価額方式 ➢(併用方式も選択可)
開業後3年未満の会社または比準要素数ゼロ（3要素ゼロ）の会社	■課税時期において、開業後3年未満の会社 ■類似業種比準価額の計算のもととなる①配当、②利益、③純資産、のうち、すべてがゼロである会社	■純資産価額方式
開業前・休業中の会社	■事業活動を開始する前の会社 ■課税時期において、相当長期間にわたって休業中である会社	■純資産価額方式
清算中の会社	■課税時期において、清算手続に入っている会社	■清算分配見込額の複利現価による方式

が高く反映されるため、一般的に株価は低くなります。

図表Ⅳ－23のような資産の保有状況、配当・利益・純資産の状況、会社の状況等の会社は、原則として、純資産価額方式等が適用されます。

②　株価低減のための方法

株価計算の仕組みを理解したところで、具体的な株価低減方法をいくつかご紹介します。株価を低減するためには、大きく分けて二つの方法があります（図表Ⅳ－24）。

一つ目は株価対策として最も一般的な１株当りの株価を減少させる方法です。

二つ目は承継させる株式数を減少させる方法です。

種類株式や安定株主を活用することで、後継者に承継させる株式数を減少させることができます。

(A)　１株当りの株価を抑える方法

１株当りの株価を抑える方法は大きく二つあります。

一つ目は会社規模を大きくし、株価の計算上、類似業種比準価額を使用できる割合を増やす方法です。類似業種比準価額は純資産価額と比較して一般的には株価が低くなる傾向にあります。組織再編を活用し、会社規模を大きくすることで類似業種比準価額を使用できる割合を多くすることができますが、組織再編には特に高度な専門知識が必要なため専門家に相談しつつ検討を進める必要があります。

図表Ⅳ－24　株価低減のための方法

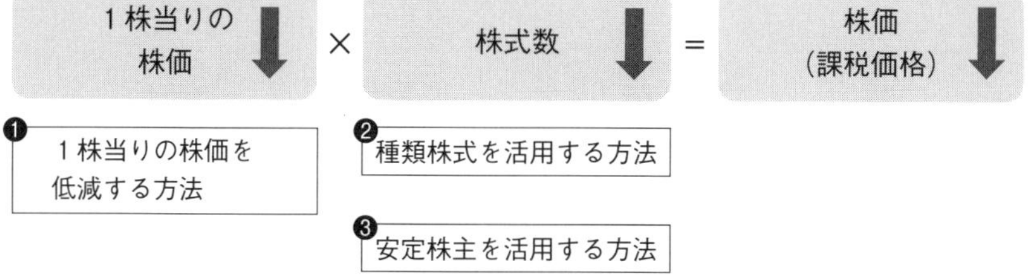

二つ目は類似業種比準価額・純資産価額のそれぞれの計算方法を理解したうえでそれらの要素の低減を試みる方法です。株価計算の仕組みを理解すれば比較的対策がとりやすい方法も数多くあるため、実務上もよく取り入れられている方法です。

(a)　**会社規模を大きくする方法**

株価の計算上、類似業種比準価額の計算割合をより大きくするには、会社規模を大きくする必要があります。図表Ⅳ－22に記載のとおり、総資産価額や従業員、年間取引額が大きくなれば会社規模が大きくなります。会社規模が大きくなれば、図表Ⅳ－22に記載のとおり、類似業種比準価額を使用できる割合が大きくなります。

会社規模を大きくする方法の一例として、子会社を合併する方法があります。以下の事例であれば、従業員数に着目して会社区分が中会社（大）から大会社に変更されることとなり、類似業種比準価額のみで株価を評価することができます。効果が大きく出ることが多いため、当該事例のように、会社規模が大会社ではない場合には、一考の余地はあります（図表Ⅳ－25）。

一方、事業目的がない株価対策だけのための組織再編は税務リスクも伴う

図表Ⅳ－25　子会社合併した場合の事例

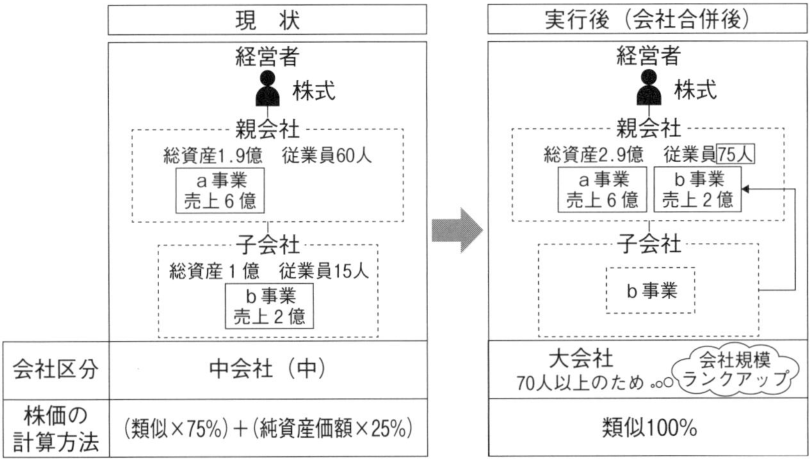

ため、注意が必要です。また、組織再編を伴う株価対策は、例外計算が求められる場合もあり、また、税務面のみならず会計上や法務上の論点もあるため、専門家に相談しつつ慎重に検討すべきです。

(b) **類似業種比準価額を下げる方法**

類似業種比準価額を下げるには、類似業種比準価額の計算要素である「配当金額」「利益金額」「純資産価額（類似）」を抑制することにより、株価を低減することができます。以下では三つの計算要素の具体的な抑制方法を紹介します（図表Ⅳ－26）。

(i) 配当金額を下げる方法

「配当金額」を下げる方法としては、株式承継する年度の直前2事業年度において普通配当を抑制することが考えられます。経営者一族が株式の100％を保有している等、外部株主がいない場合には実行しやすい方法です。

何かしら株主に資金を配当する必要があるということであれば、特別配当や記念配当を活用する方法が考えられます。特別配当や記念配当は類似業種比準価額の計算上、配当実績に含める必要がありません。そのため普通配当を抑制した場合の代替案として効果的ですが、そもそも特別配当が認められる特別な事由や、会社創業何周年といった記念行事がなければ配当することができません。

また、事業年度ごとに急激な配当の増減があることで、税務当局に株価対策目的で恣意的に操作しているとみなされるリスクがあるため留意が必要です。

特別配当も記念配当もむずかしいが何かしら資金を経営者に渡す必要がある場合には、役員報酬を増額する方法も考えられます。ただし、役員報酬として支払う場合、社会保険等の負担額が増加することにも留意する必要があります。

(ii) 利益金額を下げる方法

次に「利益金額」を減少させる方法としては、株式承継する年度の直前2事業年度において含み損の実現や損の前倒しをすることが効果的です。損の

図表Ⅳ－26　類似業種比準価額を下げる方法

	配当金額	利益金額	純資産価額
概要	・「配当金額」を抑制する	・「利益金額」を抑制する	・「純資産価額」を抑制する
具体的な方法	・直近２事業年度の普通期末配当／中間配当を抑制 ・特別配当／記念配当の活用	・直近２事業年度において損出しをすることで利益を圧縮 —役員報酬の増額 —含み損のある固定資産の除却／売却 —含み損のある株式の売却 —不良債権の貸倒れ／売却 —生命保険契約 —オペレーティングリース —役員退職慰労金の支給	・含み損のある固定資産の除却／売却
留意点	・配当金額を減らせば減らすほど株価を下げる効果があるが、無配当にする際は要注意 —類似業種比準要素ゼロ、１の会社に該当しないように注意（類似業種比準価額を使用できる割合が少なくなる可能性） ・継続的に配当していた普通配当を大幅に減額する場合には、合理的な理由を考えておく必要がある	・通常であれば計上すべき売上／計上しない費用について、恣意的に計上しない／計上する、もしくは、時期をずらすことは認められない ・本当は、利益≠所得 たとえば、税務上は認められない費用は認められない（過大役員報酬／退職金、など）	・税務上認められない費用は認められない（組織再編時のズレによる調整、など）

前倒しという点では、役員報酬の増額や、生命保険や航空機等のオペレーティングリースの活用、役員退職慰労金の支給があります。その他、含み損のある固定資産や株式の売却、不良債権の売却をする方法もあります。

ただし、税務上認められない過大な役員報酬や退職金を支給した場合、損金算入されずに所得が減少しない可能性があるため注意する必要があります。

ⅲ 純資産価額（類似）を下げる方法

最後に、「純資産価額（類似）」を抑制する方法としては、「所得金額」を減少させる方法と同様に、含み損のある固定資産の除却や売却をする方法があります。

純資産価額を下げるには、相続税法上の純資産価額を抑制する必要があります。相続税法上の純資産価額を減少させる方法は、類似業種比準価額における純資産価額（法人税法上の純資産価額）を減少させる方法と、純資産価額の考え方が異なるため、厳密には異なりますが、ほぼ同様の内容となっているため、本書においては詳細を割愛します。

一例としては、相続税法上の純資産価額を下げる方法として、余剰資金を活用して不動産を購入するという方法が実務上よくあります。個人の相続対策でもよく活用される方法ですが、たとえば、現金100億円で時価100億円の不動産を購入した場合、法人税法上では現金価値と変わらず不動産が100億円として評価されますが、相続税法上であれば、多くの場合、時価の約６～８割程度の価値で評価されます。この計算の仕組みを活用し、現金100億円を不動産60億～80億円に評価替えさせることで、純資産価額を減少させることができます。会社に余剰資金がある場合には有効な方法といえます。ただし、取得後３年間は取得価額の100億円で評価する必要があるため、３年以上時間をかけて対策ができる場合にのみ活用できる方法です。

なお、そもそも大会社であれば、類似業種比準価額のみで株価計算をすることができ、類似業種比準価額のほうが高い場合を除き、純資産価額方式における株価抑制対策は不要です。

(B) 種類株式を活用する方法

承継させる株式数を減少させる方法の代表的なものとして、種類株式を活用する方法があります。先に述べたとおり、議決権の観点からみれば、株式は後継者一人に集約すべきです。一方、税負担の大きさを考慮すると、承継する株式数を減少させることが望ましく、相反することになります。二つの相反する要素を実現するため、後継者が議決権を100％保有しつつ、承継する株式数を減少させる方法として活用されるのが種類株式です。

⒜　**概　　要**

種類株式とは、普通株式とは「権利」の内容が異なる株式をいいます。普通株式には、議決権と財産権の二つの権利があり、１株式につき１の「権利」を有しています。種類株式は議決権と財産権について、普通株式にはない特別な「権利」を付与することや「権利」をなくすことが可能です。たとえば、普通株式であれば１の「権利」を、10やゼロにすることができます。株式承継対策として活用される代表的な種類株式には図表Ⅳ－27のようなものがあります。

最も一般的な種類株式としては無議決権株式があります。無議決権株式とは、その名のとおり、議決権がゼロの株式をいいます。この株式を活用すれば、後継者に承継すべき株式は普通株式のみとなるため、後継者の承継する株式数を減少させ、税負担を軽減することができます。また、無議決権付株式を後継者以外の法定相続人に承継することにより、遺留分対策にも活用することができます。

種類株式の最大の特徴は、導入の手続が比較的簡便であり、かつ、導入コストがあまりかからないことです。後継者以外の兄弟姉妹にも財産を相続させたいが株式以外にめぼしい財産がない場合等、後継者以外の親族にも株式を承継させる必要がある場合に検討の余地があります。また、後述する安定株主を活用する方法では、その方法とあわせて種類株式を組み合わせて活用することが一般的です。

⒝　**留意事項**

新たに種類株式を発行する場合、経営者がすべての株式を保有している事例であれば問題ありませんが、そうでない場合には注意が必要です。種類株式を新たに発行する場合またはすでに発行されている普通株式を種類株式に変更する場合、最終的には全株主の同意が必要となります。つまり、一部株

図表Ⅳ－27　代表的な種類株式（属人的株式）

	無議決権株式 （議決権制限株式）	拒否権付株式 （黄金株式）	属人的株式
内容	株主総会の全部または一部について議決権を行使できない株式	株主総会または取締役会において決議された事項を拒否権付種類株主総会により拒否権を行使して承認しないことができる株式	持株数にかかわらず、「配当を受ける権利」、「残余財産の分配に関する権利」、「株主総会における議決権」について、株主ごとに異なる取扱いができる株式
特徴	・定款の変更により導入可能（特別決議３分の２以上の賛成） ・議決権がない見返りとして、配当優先株式（有利な条件で配当を受ける権利がある株式）と併用することが一般的	・定款の変更により導入可能（特別決議３分の２以上の賛成）	・属人的株式の設定対象となった株主以外に株式を承継等した場合には、効力は引き継がれない ・登記の必要がないため、第三者に知られないことが可能 ・特殊決議（４分の３以上の賛成）により導入可能 ・非公開会社のみ導入が可能
活用事例	・会社経営に関与しない親族に株式を承継する場合 ・従業員持株会に株式を所有させる場合 ・外部株主対策としての活用（外部株主に議決権を保有させないため）	・親族以外の役員等を後継者とした場合（オーナー一族に拒否権を与えることで心理負担を軽減する） ・後継者に株式承継したいが、経営権のすべてを譲ることに不安がある場合（モニタリング期間を置きたい場合）	

式をすでに外部株主が保有している場合には、その外部株主が保有している普通株式を種類株式に変更することについて、当該外部株主の同意が必要となり、外部株主の反対があることが想定されます。

その対応策としては、たとえば、外部株主が保有している普通株式を無議決権株式に変更したい場合、無議決権化するかわりに、配当を優先的に受け取ることができる配当優先の権利を付与する（配当優先無議決権株式）などの方法が考えられます。

(C) 安定株主を活用する方法

承継する株式数を減らすには、種類株式を活用する方法以外に、安定株主を活用する方法があります。

無議決権株式の事例のように議決権を100％保有することはできませんが、外部株主であっても敵対的株主になる可能性が非常に低いと考えられる安定株主に対して、後継者に承継する株式の一部を保有させることで、経営権の安定を図る方法です。

(a) 公益法人等の活用

(i) 概　　要

安定株主を活用する方法の一つ目として、公益法人等を活用する方法があります。公益法人等とは、内閣府／都道府県の許可を得て設立された慈善や学術などの公益性が高い事業を行う法人等をいいます。公益法人等に対する寄付が無税（通常であれば贈与税が発生）になる制度を活用し、後継者に承継する株式の一部を公益法人等に拠出する方法です（図表Ⅳ－28）。

特徴として、公益法人等の理事の一部に経営者一族が就任することにより、安定株主をつくりだすことができます。また、公益事業を営むことになるため、会社の社会的信頼向上につながるといった効果も期待できます。

上場会社の経営者も活用しているケースが多く、効果の大きい方法ではありますが、公益法人は今後継続的に事業を運営していく必要があるため、相応の運営事務や維持コストなど会社からの継続的な支援が必要となります。社会貢献活動や公益事業そのものに興味関心がある場合や、相続財産が数十億円超あるなど株価が非常に高い会社に望ましい方法といえます。

(ii) 留意事項

公益法人等を活用する場合に留意すべき事項がいくつかあります。

まず、公益法人等の評議員（株式会社の株主に相当）、理事（株式会社の役員

図表Ⅳ－28　公益法人等の事例

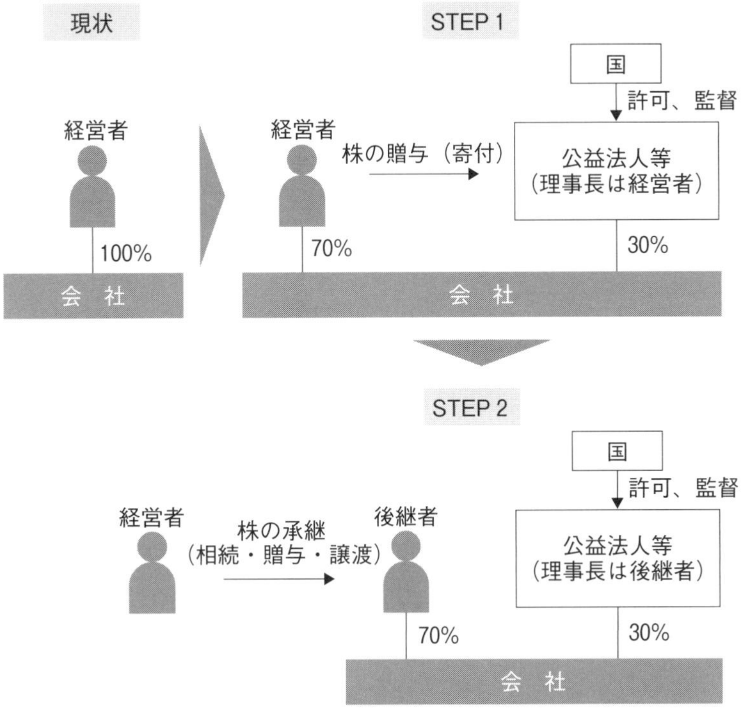

に相当）等については、経営者一族が過半数を占めることができません。一般的には、経営者一族以外の評議員、理事は、公益事業の有識者や取引先の関係者に就任依頼することが多いです。

また、一度公益法人等に寄付した株式を経営者や会社に戻すことは原則不可能であり、評議員に配当をすることもできません。さらに、公益法人等における財産は解散時に国に帰属することになります。寄付前の状態に戻すことがむずかしいということは十分理解しておく必要があります。

(b)　**持株会の活用**

(i)　概　　要

安定株主を活用する方法の二つ目として、持株会の活用があります。持株

図表Ⅳ－29　持株会の事例

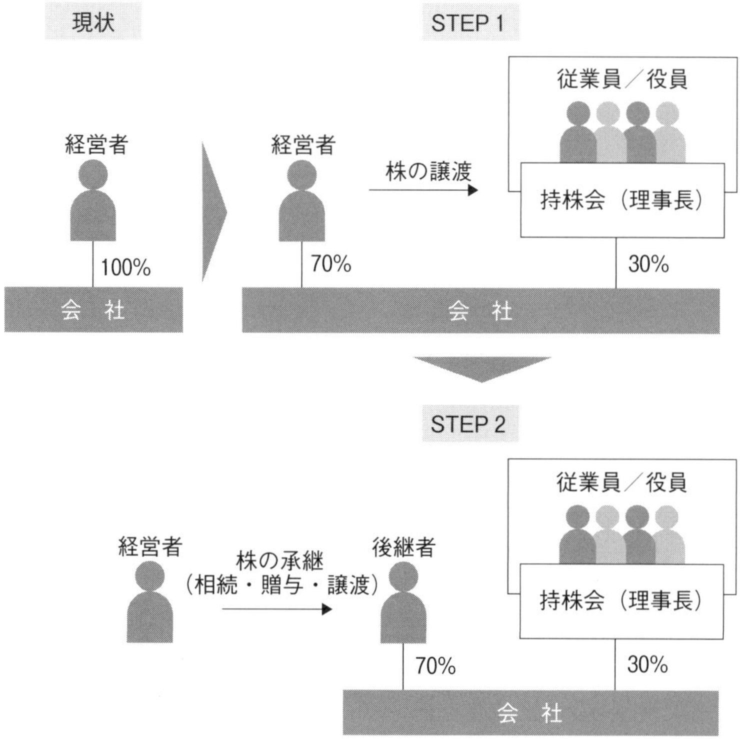

会とは、経営者一族以外の役員・従業員を対象に会社株式の取得や保有の促進を目的として運営する組織制度をいいます（図表Ⅳ－29）。

持株会を活用し、自社の役員／従業員に配当還元価額により株式を取得・保有させることで、後継者に承継する株式を減らすことができます。役員や従業員はいわば身内のため、会社の意思決定に反するような議決権を行使する事態は想定されにくいことから、安定株主として活用することができます。

公益法人等を活用する方法と比較し、運営事務や維持コストの負担は抑えられるため、中小企業にも導入しやすい方法といえます。

また、持株会は従業員が直接会社の株主になるのではなく、持株会を経由（持株会に帰属）して株主になるため、持株会の規約において一定の制限を課すことができ、役員や従業員が株主として株主権を行使することに関して自制を促すという効果もあります。さらに、会員である役員や従業員が議決権を行使する場合には理事長を経由して権限を行使する必要があるため、理事長が一定のブレーキ役を担うことも可能です。

持株会は株式承継に有効というだけでなく、奨励金の支給や配当収入により従業員に対する福利厚生といった側面もあるため、従業員にもメリットがあり、比較的導入しやすい制度です。

従業員の退会時に必ず持株会が買い取る規約を設けることで社外への株式の流出を防ぐことができるため、株主分散への対応策としても有効な方法です。

(ii) 留意事項

持株会は本来会社から独立した組織であるはずですが、会社主導で設立される経緯が多いことから、その後の実質的な運営も会社の意思によって行うといった事例も見受けられます。持株会が実態を伴っていない「幽霊」持株会で、租税回避行為と判断された場合には、株価対策の効果を受けられなくなる可能性があるため、注意が必要です。具体的には、株式の取得者が持株会ではなく会社であり、自己株式取得として配当還元価額ではなく類似業種比準価額または純資産価額で取引をすべきだとみなされ、かつ、みなし配当課税のリスクが生じます。

また、一般的には、経営者が所有する株式の一部を従業員が買い取りやすいように配当還元価額で譲渡しますが、仮に買い戻したい場合には、同じ配当還元価額での買取りは税務上の観点からむずかしく、類似業種比準価額または純資産価額により買い取る必要があるため、経営者において資金負担が生じることになります。そのため、持株会を活用する場合には、原則、買戻しをしないことを前提に導入すべきです。

図表Ⅳ－30　中小企業投資育成株式会社の事例

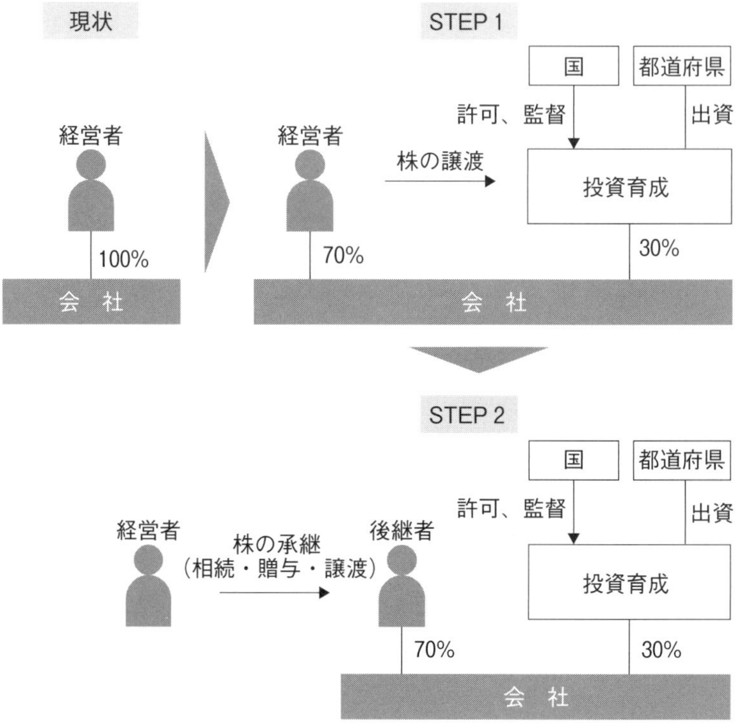

(c)　中小企業投資育成株式会社の活用

(i)　概　　要

安定株主を活用する方法の三つ目として、中小企業投資育成株式会社（投資育成）の活用があります。投資育成とは、中小企業投資育成株式会社法により設立された特殊法人で、資金調達力が弱い中小企業の自己資本の充実を促進することを目的として、中小企業に対し投資を行う組織です。現在、東京・名古屋・大阪に３社あり、日本全国をカバーしています。投資育成を活用し、相対的に低い株価（配当還元価額相当）により株式を取得・保有させることで、後継者に承継する株式を減らすことができます（図表Ⅳ－30）。

投資育成は、安定配当を実現していれば経営の自主性を尊重してくれる物言わぬ株主であるため、安定株主として活用されます。

(ii) 留意事項

投資育成はどのような会社でも活用できるというわけではなく、主に以下の要件に該当しなければ出資をしてもらえません。

・資本金が３億円以下であること
・投資額が数億円程度であること
・株式保有割合が50％以内であること
・譲渡金額がおおむね配当還元価額であること
・おおむね毎期７～10％の配当を安定的に実現すること

特に毎期安定して配当を実現することのハードルは高いといえます。さらに、経営者が株式を買い戻したい場合には、配当還元価額相当での買戻しはむずかしく、類似業種比準価額または純資産価額により買い取る必要があるため、経営者における資金負担が生じることになります。そのため、持株会と同様、投資育成を活用する場合には、原則、買戻しをしないことを前提に導入すべきです。

③ 納税資金の確保

事業承継計画を策定するなかで、株式承継時に生じる税負担への対応と同時に、納税資金をどのように確保するのかを検討しておく必要があります。先に述べたとおり、株式承継に納税問題は避けては通れません。いかに計画的に税負担の軽減を図ろうとも、負担をゼロにするということはむずかしく、将来必ず発生するであろう納税資金をどのように確保するのか対策が必要です。

原則、納税は現金一括で納める必要があります。そのため納税資金として現金がない場合には、現金以外の財産、場合によっては経営者から承継を受けた株式を現金に換え、納税しなければならない可能性もあります。

納税資金対策として有効な方法には、大きく二つの方法があります。

一つ目は生命保険の活用です。主に株式承継方法として相続を選択した場合の納税資金対策となりますが、経営者が死亡した場合に経営者の死亡を保険事由とした生命保険金を受け取ることにより、後継者が納税資金を確保する方法です。生命保険の活用が納税資金の調達においては最も一般的な方法だといわれています。

通常、生命保険の受取人は配偶者としていることが多いように思いますが、納税資金対策として考えると、株式を承継する後継者を受取人に指定しておく必要があります。

また、相続財産が生命保険金である場合には、法定相続人一人につき500万円の非課税枠があり、税負担を軽減させる効果もあります。さらに、生命保険金は保険契約上で指定した受取人固有の財産となるため、遺産分割を行わなくても、確実に相続人の財産になるという特徴があります。そのため、受取人に後継者を指定しておくことにより、株式承継に伴い発生する多額の税金を支払うための納税資金として活用することができます。

二つ目が、自己株式の買取りです。納税資金が足りず、株式を現金化する必要がある場合には、誰に売るのかが問題となります。先に述べたとおり、外部株主に譲渡することについてはあまり推奨できません。また、非上場株式であれば換金性が低く、そもそも買い取ってくれる外部株主を探すのも容易ではありません。そこで会社自身に自己株式として買い取ってもらう方法が一般的です。

会社が自己株式として買い取れば、実質的に自己株式が株式としての権利を失うことになるため、自己株式以外の残りの株式を保有する後継者が実質100%の株式を保有しているのと同様の状況をつくりだすことができます。

他方、留意すべき点として、会社が買い取るということは会社の現預金を使うということになるため、潤沢に余剰資金があれば問題ないのですが、そうでない場合には事業に重大な影響を及ぼす事態にもなりかねませんので注意が必要です。また、自己株式を取得した場合にみなし配当の問題が生じることは先に述べたとおりです。

その他、新しく後継者が設立した資産管理会社が株式を買い取るという方法も考えられます。株式の買取資金は金融機関に借りることが一般的です。

いずれにしてもどのくらいの税負担が発生し、納税資金を確保する必要があるのかを事前に把握し、計画的に準備をすることが重要です。

コラム❹

相続クーデターには要注意！

非公開会社では、相続発生等に伴う株式分散を防ぐことを目的として、定款に「相続人等に対する売渡請求に関する定款の定め」（会社法174条）を掲げていることが多いです。しかし、この条文は、株式分散を防ぐ有用な方法である一方、悪用されれば相続クーデターを起こされかねない「諸刃の剣」であるということを忘れてはなりません。

相続クーデターとは、オーナーの相続発生に便乗した「乗っ取り」のことをいいます。たとえば、対象会社の相続発生時の株主構成が、オーナー（被相続人）：60%、仲の悪いオーナーの弟：30%、息子（後継者）：10%、であった場合、臨時株主総会が招集され、「売渡請求」（同法176条）が決議された際は、オーナー株式（上記60%分）を承継する相続人は特別利害関係人に当たるため、議決権が行使できなくなります。その結果、当該臨時株主総会は、弟と後継者の２名で決議することになり、特別決議を要する「売渡請求」については、弟の単独（４分の３（オーナー株式を除く））承認でオーナーの全株式を相続人から買い取ることが可能となります。会社が株式について自己株買いを行えば、新株主構成は、弟：75%、後継者：25%となり、仲の悪かった弟に会社を乗っ取られてしまうということになります。

そもそも、「売渡請求」は、非支配株主に相続等が発生し株式が分散することを防ぐために設定されているにもかかわらず、オーナー株主が追い出されてしまっては本末転倒ですので、自社の定款がどのようになっているのか確認しておくことが必要です。また、事前に遺言を作成し株式の承継者を明確に定めておくこと等も有効な手段となります。遺贈は、特定承継となりますので、「相続人等に対する売渡請求に関する定款の定め」（同法174条）の適用を受けることはないためです。

「相続人等に対する売渡請求」に限らず、オーナーの相続発生時にはさまざまなトラブルに巻き込まれる可能性があるため、事前に株式等の承継先、承継時期、承継方法等について専門家を交え、幅広い観点から協議しておくことが望ましいといえます。

5　「家族」（ファミリー）の視点

(1)　「家族」（ファミリー）の視点の重要性

第Ⅱ章で述べたスリーサークル・モデルをもとにした分類では、関係親族の属性はそのなかの四つに分けられます。具体的には、①オーナー経営者、株主かつ企業の役員・従業員でもある親族、②株主ではないが、企業の役員・従業員である親族、④親族株主（企業の役員・従業員ではない）、⑦一般親族（企業とは関係のない親族）です。

図表Ⅳ－31　スリーサークル・モデル（関係親族の属性）

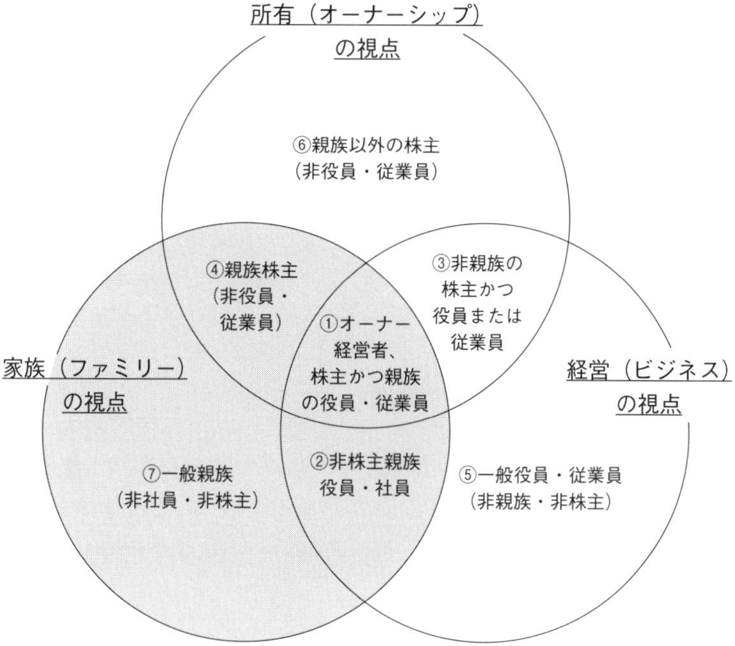

（出所）　Gersick, et al. (1997) Generation to Generationをもとに三菱UFJリサーチ＆コンサルティング作成。

このように、立場が異なる関係親族のなかでは、企業の経営や所有に対する考え方が異なることが想定されます。この関係親族内での考え方の違い・対立は、企業経営の停滞・混迷を招くことにつながるため、オーナー企業の経営における重要なリスクとして認識する必要があります。

特に、世代を経るごとに関係親族の数は増える傾向にあります。関係者の数が増えれば、当然意見・考えが異なるリスクも大きくなります。

オーナー企業の経営、特に事業承継においては、このような「家族」＝関係親族内で意見の相違や混乱が生じないよう、考慮しながら検討を進めることが重要です。

そのためには、日頃から関係親族で企業経営やそれらにかかわる親族内での課題や今後について議論する場をつくる、あるいは関連事項についてあらかじめ一定のルールをつくっておくといったことも有効です。

欧米ではこういった仕組み・取組みは「コーポレート・ガバナンス」と対比して「ファミリー・ガバナンス」と呼ばれており、穀物メジャーのカーギルなど著名な企業も含め多くの企業で導入されています。

第Ⅰ章で述べたように、日本国内においても家族観や職業観、環境が変化するなかで、従来の方法では円滑な承継はむずかしくなっているように感じます。

今後のオーナー企業経営においては、あらためて、こういった仕組みの必要性を考える時に来ているのかもしれません。

⑵ 「家族」（ファミリー）の範囲

それでは、「家族」の視点の対象となる親族の範囲はどう考えるべきでしょうか。これは、「家族」ごとに考えが違うため、解は一つではありませんが、注意すべきなのは「所有」の視点であげられる法定相続人の範囲とは異なるものだと認識することです。

民法上は遺言がない場合を除き、法定相続人の範囲は、現経営者の配偶者、子供、父母、兄弟姉妹に限定されますが、「家族」の視点における対象

図表Ⅳ－32　民法と「家族」の視点の関係親族の範囲

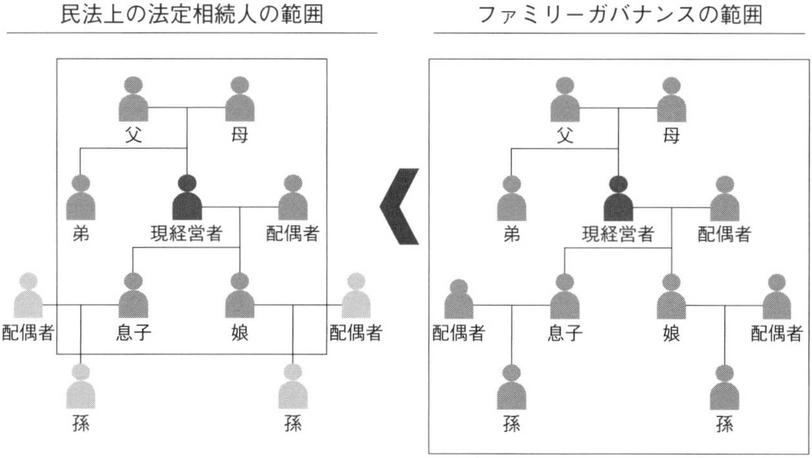

者の範囲は、企業の経営および所有の利害関係の視点から一般的に相続人の範囲よりも広くとらえるべきといえます。

たとえば、図表Ⅳ－32の現経営者の娘の配偶者は、民法上は遺言を残さない場合を除き、法定相続人には該当しませんが、オーナー企業の経営に参画しているケースでは、「家族」の範囲に含めるべきです。

(3)　ファミリー・ガバナンスの手法

ファミリー・ガバナンスは、オーナー企業経営の根幹である「家族」のなかで、良好な関係を維持しながら、企業へのかかわり方・役割分担について合意形成を図り、企業の発展だけでなく、かかわる「家族」としても「うまくやっていく」ための枠組みです。

先に述べた欧米ではファミリー・ガバナンスの手法として、ファミリー憲章（日本でいう家憲や家訓）の制定やファミリー協議会、ファミリーオフィスの設置が多く行われています。

いずれも主な目的としては、「家族」の意思疎通の円滑化を図ることにあり、特に、①場づくり、②ルールづくりが基本になります。

「場づくり」とは、関係親族同士のコミュニケーションを行う場を設けることをいいます。「家族」内の対立は、コミュニケーション不足から発生することが一般的です。コミュニケーションの場を設けることで、「家族」内の対立のリスクを抑えることを意図しています。場を設けるというと仰々しく聞こえるかもしれませんが、要は「家族」内で話し合う機会をしっかりとつくるということです。いきなり「家族会議」の開催ということに抵抗があるのであれば、家族旅行や新年の行事など、何かしら家族で集まる機会を活用する、ということでもよいでしょう。関係親族の思いを確認しながら、徐々に「家族」の将来のこと、企業の経営と所有についてどのようにかかわっていきたいか、その際の親族内の役割分担をどのようにすべきか、ということを話していけばよいと思います。

次に「ルールづくり」とは、「家族」にとって重要な事柄や、対立・混乱のもとになりやすい項目について、あらかじめ考え方を定め、取決めをしておくことを指します。

まずは図表Ⅳ－33のうち、「家族」内で優先順位が高いと思われる一つの項目について、話合いを行いながら検討を始めるなど、可能な範囲でコミュニケーションと合意形成を進めるということでもよいと思います。

図表Ⅳ－33　ファミリー憲章の具体的な項目（例）

①　家族としての理念・価値観
②　家族としての円滑な意思決定・情報共有
③　経営上の意思決定への関与
④　後継者育成と入社ルール
⑤　自社株式承継・買取等に関するルール
⑥　自社株式以外の資産の運用・管理
⑦　懲罰ルールと紛争解決プロセス

（出所）　大澤真（2015）「ファミリービジネスの強みと課題」『一橋ビジネスレビュー』、63巻２号、61－64頁。

(4) ファミリー・ガバナンスの手法（欧米の例）

欧米では、先に述べた場づくり・ルールづくりについて、組織や会議体を設置し、運営を行っている企業もあります。ここでは、その例として、ファミリー総会・ファミリー評議員会とファミリーオフィスについて解説します（図表Ⅳ－34）。

① ファミリー総会・ファミリー評議員会

ファミリー総会は、いわば株主総会の「家族」版です。関係親族全員が集い、意見を交換し、意思決定を行う会議体です。

ファミリー総会の運営には、会社法で定められるような規制はないため、ファミリーによりファミリー総会への参加資格、議決権などを自由に決めていることが多いようです。

ファミリー評議員会は、企業における取締役会の「家族」版です。創業者から２代目、２代目から３代目と世代交代が何度か続くと「家族」の数は自然と増えていきます。

図表Ⅳ－34　ファミリー・ガバナンスの体制イメージ

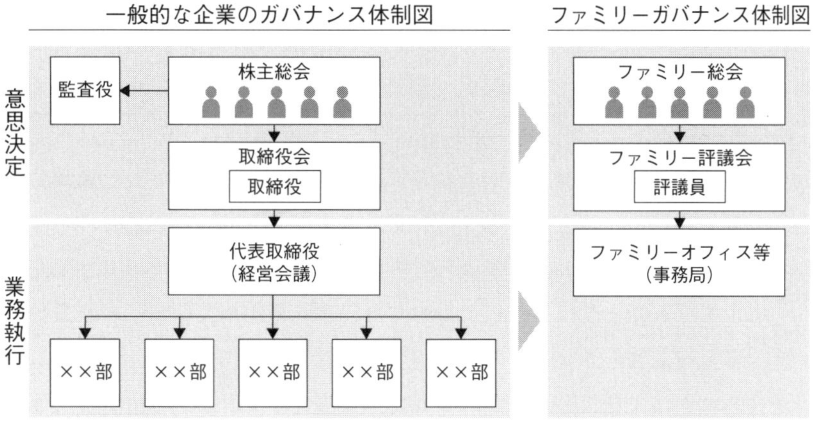

ただし、日本のオーナー企業の場合は関係親族の人数もそれほど多くないケースが大半で、ファミリー総会とファミリー評議員会を分けて運営していることはまれです。人数が多い場合には関係親族全員を集めて開催するファミリー総会等を別途設置する場合もあります。

② ファミリーオフィス

ファミリーオフィスは、ファミリーが保有する株式等の金融資産の管理・運用を行う会社を指します。

ファミリーオフィスの役割は多岐にわたります。ファミリー総会やファミリー評議委員会を設置している場合には、会場手配や招集通知等の事務局的な役割を果たします。また、「経営」にかかわる親族内の後継者育成プログラムの制定や実施、そのための留学等の手配、さらに資産の管理・運用などを行う場合もあります。

6 事業承継計画は誰がつくるか

(1) オーナーシップおよびファミリーの視点

事業承継計画のうち、「所有」(オーナーシップ)および「家族」(ファミリー)にかかわる計画については、「現経営者」が主体的に策定すべきです。

「所有」の視点においては、株式を後継者にどのように承継していくのかということに加え、現経営者が有する株式以外の財産についても、親族全員への分配・相続の方針を定めることになります。

これは非常にセンシティブで現経営者本人しかできない「仕事」です。

もちろん、財産を受け取る側においても、贈与税や相続税といった税負担が発生する可能性がありますし、現経営者の財産分割について、何も知らないまま計画が決まり、それが実行されてしまっては、トラブルに発展しかねません。

ですから、現経営者が会社の経営を安定させるために最適な株式の承継、関係親族の思いも慮りながら、無駄な争いを生じさせないよう、株式以外の財産の承継方針を定め、親族への共有・合意形成を行うことが重要です。

また、「家族」の視点における承継計画策定においても、次世代の核となる後継者の選定・指名については、当然ながら、現経営者の責務といえます。また、先に述べた「ファミリー・ガバナンス」の仕組みづくりについても、企業経営や関係親族を俯瞰したうえでの判断が必要になるため、現経営者がある程度の方向性を示すほうがよいと思います。一方、後継者の確定後は、後継者がよい意味で経営しやすい体制をつくることが重要になります。そのため、後継者以外の経営への関与のあり方は後継者と相談しながら、方針を固めていくというのも一つの考え方です。

(2) 「経営」(ビジネス)の視点

事業承継計画のうち、「経営」(ビジネス)の視点については「後継者」が主体的に策定すべきです。

この章の「経営」の視点における承継のポイントとして、「人づくり」「組織づくり」「計画づくり」「風土づくり」をあげました。これらのポイントはすべて後継者がこれから経営者として会社の舵取りを行っていくうえで整えておくべき事項、後継者が主体的に取り組まなければならない事項です。したがって、「経営」の視点における承継計画は、その計画を実際に実行する後継者が策定すべきです。

なお、後継者が策定した計画については、現経営者とも共有し、その内容について、合意形成をしておく必要があります。現経営者におけるそれまでの経験や、過去にあった失敗事例等をふまえ、ビジネスの視点における事業承継計画の内容が妥当であるかどうかのチェックをしてもらうのです。

現経営者からあれこれと指摘をされることは、おもしろくないと感じることもあるかもしれません。しかし、現経営者がこれまでに経験・蓄積してきた経営のノウハウは、できる限り吸収しておくべきです。

事業承継は現経営者の承認なしには進めることはできませんが、「経営」の承継については、次世代の経営幹部等も巻き込みながら、その実行の主体者である後継者が遠慮することなく、率先して取り組むことが大切です。

V

事業承継計画の
具体的な策定方法とプロセス

この章では事業承継計画の具体的な策定方法・プロセスについて解説します。これまで述べてきたとおり、大きな視点は「経営」「所有」「家族」の三つの視点です。これら三つの視点から、時には各々の影響を複合的に考慮しながら策定していくというのが基本的な考え方です（図表Ｖ－１、Ｖ－２）。

策定のプロセスは以下の大きく四つのステップに分かれます(図表Ｖ－３)。

⑴　STEP 1　現状分析・将来の見通し

⑵　STEP 2　目指す姿の設定

⑶　STEP 3　課題の抽出および戦略・取組みの検討
（案出し・絞り込み・優先順位づけ）

⑷　STEP 4　実施計画（アクションプラン）への落とし込み・スケジュール策定

以降で各ステップにおける検討の視点・考え方などを解説していきますが、これらすべてを網羅的に実施する必要はありません。解説をご覧いただき、自社に必要と思われる部分を重点的に検討いただくといった進め方でもよいと思います。

⑴　STEP 1　現状分析・将来の見通し

最初のステップは計画策定の前提として、各視点における現状の把握と「経営」における事業環境および「家族（オーナー家）」にかかわる将来の見通しを立てる「現状分析・将来の見通し」ステップです。

①「経営」の視点

一つ目の「経営」の視点では、経営・事業環境における現状を把握し、将来の見通しを立てていきます。経営・事業環境における分析すべき領域は大きく「外部環境」と「内部環境」の二つです。

「外部環境」とは、自社の外側、つまり、市場（顧客）や競合、協力会社などの動向・先行きです。

市場については「量」と「質」の観点からみていきます。まずは自社の市場あるいは顧客は誰なのか、を定義したうえで、「量」＝現状の市場規模や今後の成長性はどうか、「質」＝顧客のニーズの動向・変化はどのような方向に向かうのかといった観点から、５年先・10年先の見通しを立てていきます。また、新規で取り組む可能性のある事業領域があれば、同様に現状を整理し、将来の見通しを立てていきます。

将来の見通しを立てるにあたり、もう一つ重要なのが自社の「市場」を取り巻くマクロ環境にも目を向けることです。国内の人口減少や地球温暖化等の環境意識の向上、情報技術（IT）の進化・浸透など、社会的なトレンド、経済環境、政策・規制動向、先進技術動向などにより、自社の「市場」「顧客」がどのような影響を受け、どのように変化するのか、といった点も検討の必要があります。

こういった検討の際には単純に事象だけを列挙し、自社における「影響」「意味合い」まで掘り下げられずに終わってしまうケースも多く見受けられますが、これでは意味がありません。外部環境の現状・先行きをできる限り定量的に把握・評価し、自社の経営における意味合いを十分に咀嚼しておくことが重要です。

各事業領域における競合（同業）他社についても、その戦略や動向、取組みなどを可能な範囲で確認しておく必要があります。事業領域や企業の規模によっては「明確な競合企業はいない」ということもあるかと思います。その際は競合でなくても、規模などの類似した同業他社の状況を確認してみるのも一つです。ビジネスモデル、利益率など、自社の今後の方向性を考えるにあたり、ヒントとなる情報が得られる可能性もあります。

ここで述べたのは、経営戦略を立てる際の現状分析の基本的な視点ですが、事業承継という意味で特に重要なのは、「既存事業の寿命」という観点です。

オーナー企業、特に代々創業家によって承継されてきた企業においては、経営者は企業自体を「先代からの預かりもの」「自身の代で絶えさせることなく引き継ぐべきもの」という意識が強く、「企業の存続」は自身の最も大

図表V－1　事業承継計画（現状分析と目指す姿の設定）の書式例

事業承継計画　－現状と対処すべき課題・目指す姿－

当社概要	事業内容等
目指す姿	ビジョン・スローガン、目標売上高／営業利益など

			現状抱える問題点（または課題）	将来予測される変化
ビジネス（経営）	事業体制の引継ぎ	戦略および市場顧客動向		
		業務・組織体制		
		人材		
	現社長専権事項の引継ぎ			
オーナーシップ（所有権）				
ファミリー（家族）				

「目指す姿」	「目指す姿」を実現するための課題と解決に向けた方針・戦略・取組み

図表Ⅴ－２　事業承継計画（取組みとスケジュール）の書式例

事業承継計画　－取組み事項とスケジュール－

基本方針 / 主な取組み / 目指す姿 / 数値目標 など			計画					
			項目		1年目		2年目	
					上期	下期	上期	下期
			業績（計画）（百万円）	売上				
				経常利益				
			年齢	現経営者				
				後継者				
			役職・管掌	現経営者				
				後継者				
ビジネス（経営）	事業体制の引継ぎ		ビジネスの取組み	戦略および市場顧客動向				
			ビジネスの取組み	業務・組織体制				
				人材				
	専権事項の引継ぎ		ビジネスの取組み	現社長専権事項の引継ぎ				
オーナーシップ（所有権）			持株（議決権）（%）	現経営者				
				後継者				
				その他				
			オーナーシップの取組み					
ファミリー（家族）			ファミリーの取組み					

3年目		4年目		5年目	
上期	下期	上期	下期	上期	下期

図表Ⅴ－3　事業承継計画策定のプロセス

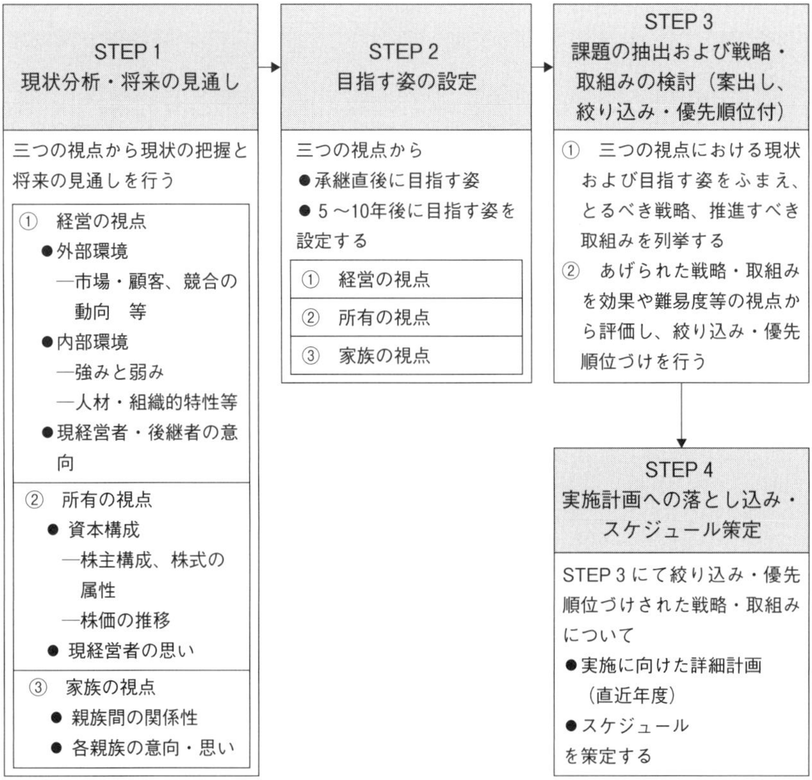

切な「使命」であるととらえている方が多いようです。

この使命を成し遂げるためには事業の見極めは非常に重要なポイントです。

当然、自社の事業領域によって異なりますが、「この先、10年くらいで需要が大きく縮小する」といった事業領域であれば、企業としての存続のために別の事業領域を開発し、「次の柱」を育てる取組みが必要になります。言葉でいうのは簡単ですが、「柱」とするまでには少なくとも数年の期間が必要です。また、オーナー企業においては、社員・現場から新規事業が生みだされることは少なく、経営者自身がリーダーシップを発揮し、立ち上げなければなりません。

上記をふまえ、何代にもわたり事業を承継し続けてきた100年企業の一部には、「経営者は必ず一つ新しい事業を起こすこと」が代々課せられた一つの使命になっている企業もあります。

新しい事業領域の開発はオーナー経営者の重要な責務であり、特に後継者は冷静に「既存事業の寿命」を見極めたうえで、これらの取組みの要否、必要ならばいつまでに確立する必要があるのかを考慮に入れておく必要があります。

二つ目の「内部環境」＝自社の現状把握ですが、先に述べた市場・顧客から支持されている自社の「強み」、今後の環境変化に対応し、持続的な成長を実現するために克服すべき「弱み（改善点）」を抽出していく必要があります。

抽出の視点はいくつかあります。

自社の営業、調達・購買、製造、流通（物流）、販売、保守、間接（人事・システム等）など、機能別の視点で自社の「強み」「弱み」を抽出していく方法もあります。また、自社の経営理念・価値観の共有（度合い）、戦略の内容、組織構造、制度・システム、人員構成、社員一人ひとりのレベル（技術・コミュニケーション能力など）、社風・組織風土といった組織運営で重要と考えられる項目ごとの視点で抽出するといった方法もあります。さらに、損益計算書や貸借対照表に現れる財務状態を競合他社と比較し、収益性や（財務的な）安全性、効率性などの観点から自社の「強み」「弱み」を抽出するといったことも考えられます。

特に適切な把握・見通しが必要なのは、社内の意思決定プロセス・組織運営の特性と経営者交代による社員への影響です。

オーナー企業の場合、組織運営や意思決定プロセスは経営者の特性・意向によって大きく変わります。通常の上場企業に比べ、経営者が役員・従業員の意識や活動に与える影響も大きく、これまで自分たちを率いてきた実績もある経営者から新たな経営者にかわるということについては役員・従業員も大なり小なり不安を感じています。これらにどう対処すれば経営を「安定的に」引き継ぎ、企業として「よい方向」にもっていけるかという視点で現状把握を行い、見通しを立てていくべきです。

上記の確認において重要な事柄の一つは現経営者の専権事項です。

金融機関との交渉等も含めた財務・資金繰りや人事評価や給与の決定などについては現経営者一人で判断・差配しているという企業は少なくありません。こういった業務をきちんと洗い出し、承継方法を決めておかなければ経営にかかわる業務や処理が止まってしまうことになりかねません。

さらに上記をふまえ、事業承継のタイミングにおいて、「変わる点」「変えるべき点」「承継すべき点」を見極めることが重要です。

企業において最重要人物である経営者が変わることにより、社内の雰囲気や人員構成など、「変わる（変わってしまう）点」は何か、事業環境の変化や後継者自身の経営スタイル等に応じて「変えるべき点」は何か、自社内で共有されているよい価値観・考えなど、代が変わっても「承継すべき点」は何か、これらを冷静に分析し、「あるべき姿」の設定に活かしていく必要があります。

② 「所有」（オーナーシップ）の視点

二つ目の「所有」の視点においても、現状の株主構成、株価、個人資産の状況などさまざまな視点から「前提」を整理しておく必要があります。

「所有」の視点における現状分析は、現在の（税法上の）株価の把握および今後の株価推移のシミュレーションを行うことから始めます（図表Ⅴ－4）。対策をしなかった場合における株価の推移を把握したうえで、対策をせずに株式を承継させたときに発生する税負担を試算します。この税負担が、後継者では負担しきれないほど重く、何か財産を売却して納税資金を創出しなければならないケースであれば、「所有」の承継に関する対策は避けては通れません。

また、少数株主の数や属性、所有している株式に付与している権利や制限

図表Ⅴ－4　原則的な株価推移イメージ図

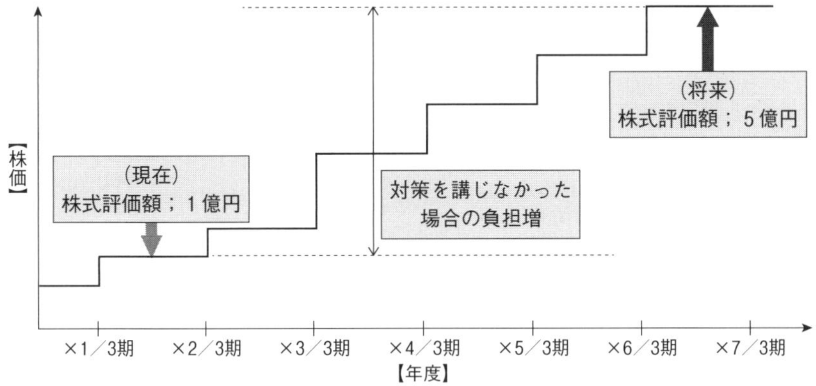

なども正確に把握しておく必要があります。

加えて、オーナー個人の株式以外の資産の存在も確認・考慮に入れておくべきです。これは株式を後継者に集約する場合、公平性を担保するためにほかの資産の分配を計画に入れておく必要があるからです。

③　「家族」（ファミリー）の視点

三つ目の「家族」の視点においては、「家族」＝オーナー家内の関係性、特に企業の「所有」「経営」にかかわっている、あるいはかかわる可能性のある親族の現状の関係性や将来に対する意向を把握し、承継後の「目指す姿」の検討の材料にしていきます。

「家族」関係において「目指す姿」は、当然ながら「仲よく、お互いに頼れる存在」であり、一人ひとりが大きな不満なく、充実した生活が送れているといったことになると思います。これはオーナー家でない一般的な家族・親族関係となんら変わらないでしょう。

一方、オーナー家として一般的な家族と違うのは、その家族関係や意向が企業の「経営」「所有」に大きな影響を及ぼすということです。

「経営」については、たとえば、兄弟姉妹・親子で企業の社長と専務といった立場にある場合、この二人の仲の良し悪しが経営にも表れます。仲がよく、円滑な経営ができれば、企業はよいかたちで存続・成長できるでしょう。一方で、この二人が不仲だった場合は社内に派閥ができたり、現場に異なる指示が出されたりして、事業運営に停滞や混乱が生じます。また、本人たちの間に直接的な対立がなくても、その奥様同士の折り合いが悪く、結果、本人同士もなんとなくコミュニケーションがとりづらくなり、企業の動きが鈍くなるといったケースもあります。

承継に関しても、このような事態が生じないよう、現状の親族間の関係性、関係しそうな親族の承継後に対する意向を十分にふまえたうえで方針を決めていく必要があります。

また、「所有」においても同じことがいえます。先に述べたとおり、「経営の安定」という観点から後継者への株式の集約が望ましいかたちですが、株式は財産という側面もあるため、親族内にもいろいろな思惑が交錯し、影響することになります。妥当な金額で譲渡してくれれば問題ありませんが、親族の配偶者なども加わると株主・所有者としての「権利」を主張し、訴訟などになることも十分考えられます。

最終的にすべての親族の意向を受け入れることはむずかしいと思います。しかし、こういった親族と適切なコミュニケーションをとり、配慮をしながら進めることにより、リスクを最小限に抑えることは十分可能です。

円滑な事業承継のためには、「経営」「所有」といった直接かかわる部分だけにとらわれることなく、「家族」にまで視野を広げて検討することが不可欠です（図表Ｖ－５、Ｖ－６、Ｖ－７）。

⑵　STEP 2　目指す姿の設定

次のステップは現状分析・将来の見通しをふまえた「目指す姿」の設定です。「経営」「所有」「家族」の三つの視点から、大きく「承継（直）後に目指す姿」と「５～10年後に目指す姿」を設定していきます。

「経営」の視点においては、後継者を支える承継後の経営幹部メンバーを

図表Ⅴ－５　現状分析・将来の見通しの視点

1、経営（ビジネス）の視点

①外部環境
・世の中全体のトレンド
□政策・規制の動向、経済的な動向（国内外の景気・為替、エネルギー需給動向など）、社会的なトレンド（国内人口の減少、環境志向の高まりなど）、技術の動向（IT 技術の進化、サービスの普及など）が自社にどのような影響を及ぼしそうか
・（既存）市場環境・顧客
□既存市場の規模・成長性はどれくらいか　市場の成熟化・縮小までどれくらいの年数があるか
□既存市場における顧客のニーズの変化・トレンドはどうか　自社は準備・対応できているか
・競合
□動向はどうか　新規参入はないか
（自社製品・サービスの）代替製品・サービスの発生可能性はあるか
②内部環境
・当社の基本特性・特長、戦略
□事業構造（ビジネスモデル）、業績などの推移はどのようになっているか
□外部環境に適合した戦略になっているか
・強みと弱み
□当社の強み（他社よりも優れている点）は何か
（ビジネスモデル、営業・マーケティング／生産／調達／物流、管理等、機能ごとにみて）
□当社の弱み（上記の戦略をふまえ、今後、さらに強化すべき点・他社に劣っている点）は何か
・人材・組織的特性
□現状の役員・従業員や組織の特性、風土はどのようなものか　承継後、どのような変化がありそうか
□現状の組織の意思決定プロセスはどのようなものか　承継後、どのように変えるべきか

2、所有（オーナーシップ）の視点

①現在の資本構成の状況
・株主構成、株式の属性
・現時点での株価（今後、想定される推移）
②現オーナー経営者個人の所有資産の状況
③現オーナー経営者の資産承継に関する意向

3、家族（ファミリー）の視点

①現在の家族の関係性
・現在の親族の関係性
・現在の親族の意向
□自社の経営・事業運営への参加意欲、所有に対する意欲・姿勢はどのようなものか
②将来、想定される変化
・将来想定される親族の関係性の変化
□自社内でのポジションの変化、結婚・出産等により、親族の関係性や意向・行動はどのように変わるか

図表Ⅴ－6　「外部環境」分析の書式例

外部環境、顧客・市場の動向・変化　※量（需要・市場規模）および質（ニーズ、動向）の変化				
	現　在	1－3年後	4－6年後	7－10年後
世の中全体	社会的動向（環境保護意識の高まり等）			
	経済的な動向（景気動向等）			
	政策的な動向（規制等）			
	技術面での動向（IoT 化等）			
既存顧客				
（想定される）新規顧客・事業領域				

可能な限り具体的に定めます。そのメンバーでどのような体制で経営を行っていくのか、組織体制や各々の管掌・役割分担、意思決定プロセスなどを想定しておく必要があります。

上記では、現経営者が専権事項として行っている業務（たとえば、財務・資金繰りや人事評価・給与の設定など）も含め、検討を行います。

加えて、その経営体制において、どのような戦略を実行し、どのような顧客・製品構成で、どれくらいの売上げ・利益水準を目指すのかといった目標なども、承継後の中長期経営計画といったかたちで策定できるとよいと思います。

「所有」の視点で重要なのは株主構成です。最終的に後継者またはそれに準じるメンバーにどの程度の株式をもたせるのか、あるいは持株会など、役員・従業員で「共有」するかたちにもっていくのか、といった事項です。付随して、後継者以外の親族への株式の譲渡、それらをふまえた株式以外の資産の分配などもどのようなかたちにするか、考慮しておく必要があります。

また、株式の移動に係る税負担がその承継方法実行の可否に大きく影響を与える可能性が高いため、あるべき株主構成は何年後に、誰が、どのくらいの株式を保有するのか、と具体的に想定すると課題が明確となりやすくなります。

図表Ｖ－８は、あるべき株主構成を検討するフレーム例です。

ここまでの手順を踏むと、あるべき株主構成とするべく株式を移動した場合に発生する税負担を把握することができます。そして、その税負担を後継者が負担可能なボリュームへと抑制することが、「所有」の視点における課題となります。

「家族」の視点では、上記のなかで親族が「経営」にどのような立場で、どのような役割を果たすのか、「所有」においてどのような立ち位置に立つのか、といった点を定めておく必要があります。また、「経営」「所有」にかかわる親族として、定期的にコミュニケーション、合意形成を図り、継続的に良好な関係を築くための「仕組み」づくりも考えておく必要があります。

図表Ⅴ－７　「内部環境」分析の書式例

	強　み	弱　み	人材・組織的特性
営業			
調達購買			
製造			
流通（物流）			
販売			
保守			

図表Ⅴ－８　あるべき株主構成の検討フレーム（記載数値等は例）

決算期（月期）		x1／３期	x2／３期	x3／３期	x4／３期	x5／３期
株主別株式数推移	①A氏	28,800	28,800	28,800	28,800	0
	②B氏	7,200	7,200	0	0	0
	③C氏	2,000	2,000	11,200	11,200	40,000
	④D氏	2,000	2,000	0	0	0
	⑤E氏	0	0	0	0	0
	合　計	40,000	40,000	40,000	40,000	40,000

xx年後に株式を子へ集約させたい

	強　み	弱　み	人材・組織的特性
全般管理 （経営・企画、財務・経理）			
人事・組織関連 （組織風土、意思決定スタイル、採用、異動、教育、労務管理）			
技術開発			
情報システム （原価管理システム・経理関連システム、等）			

x6／3期	x7／3期	x8／3期	x9／3期	x10／3期	
0	0	0	0	0	社長
0	0	0	0	0	社長弟
40,000	40,000	40,000	40,000	40,000	社長子
0	0	0	0	0	社長母
0	0	0	0	0	社長妻
40,000	40,000	40,000	40,000	40,000	

「家族」＝親族の意向や構成（メンバー）も変わっていきます。それらが変化するなかにおいても、「家族」という基盤が揺らがないよう、「備え」をしておくことが重要です。

⑶ STEP 3 課題の抽出および戦略・取組みの検討

① 現状と目指す姿のギャップ＝課題を抽出する

現状把握および将来の見通しを立て、自社が目指す姿を設定したうえで、そのギャップ（差）＝課題の抽出を行います。

そのうえで、これらの課題を解決するために実施すべき戦略・取組みを検討していきます。

(A) 「経営」（ビジネス）の視点

(a) 経営体制の引継ぎ

「経営」の視点において解決すべき課題を検討するうえで、重要なのは承継後の基盤となる、経営体制の引継ぎです。STEP 2で定めた「承継後の経営体制」を実現するために必要な取組みを検討していきます（図表Ⅴ－9）。

図表Ⅴ－9 経営幹部の承継

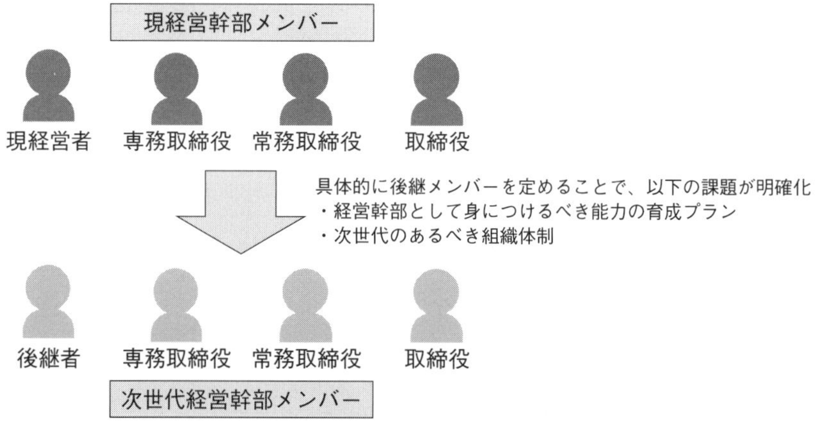

大きなポイントは承継後を担う人材の育成と現体制からの移管プロセスの二つです。

承継後の企業を支える社員、特に経営幹部となる社員について、①経営全般に対する知識の習得、②経営に関する実務経験、③顧客や取引先、金融機関といった社外のステークホルダーとの関係構築、④リーダーシップやコミュニケーション力の醸成など、身につけるべき能力を明確にしたうえで、それらを身につける方法、社内外の研修や自社の経営実務にかかわる取組みを検討していきます。

次に上記をふまえ、現体制から承継後の体制や役割分担に、どのように移管していくのかを考えます。当然ながら育成の取組みも始めてすぐに成果が出るわけではなく、必要な水準に達するまでに時間がかかります。必要な能力すべてを身につけなければ経営幹部になれない、あるいは承継後の体制に移管できないということではありませんが、想定の所要期間を見込んでおき、後述の取組みの優先順位づけやスケジュールの設定に反映させる必要があります。

⒝　**現経営者の専権事項の引継ぎ**

先に述べた、現状分析で洗い出した現経営者の専権事項について、後継者、あるいは次の経営幹部メンバーを含めた次世代経営体制のなかで、どのように承継していくのかを検討します。

洗い出した専権事項について、承継の方法は大きく以下の三つに分類されます。

一つ目は後継者がそのまま現経営者から引き継ぐ方法です。

経営者としての意思決定業務はもちろんのこと、製品開発や品質管理、人事等、企業としてまたは経営者として最もこだわる部分については後継者が引き継ぐ、といったことも考えられます。経営者として、詳細含め掌握しておきたい事項あるいは社内に承継時に任せられる人がいない、という場合にはこの方法をとることになります。

二つ目は次世代経営メンバーで役割分担をして引き継ぐ方法です。経営者としての意思決定は後継者が引き継ぎますが、それ以外の機能的な事項は他の経営幹部に引き継ぐという考え方です。人事は人事部門の次世代幹部、財務・資金繰りは経理部門の次世代幹部が引き継ぐ、といったように経営メンバーで役割分担し、承継することを検討します。

一つ目と比べ、経営にかかわる重要意思決定をブラックボックスのまま引き継ぐのではなく、ある程度の透明性を確保したい、あるいは後継者一人で引き継ぐには負担が大きいという場合には、この方法がよいかもしれません。

三つ目は現経営者の専権事項にかかわる知識・スキルを形式知化し、後継者・経営幹部にかかわらず、組織として対応できるようにする方法です。たとえば、中小企業においては、営業業務、顧客との折衝や見積作成などは現経営者が実質的に専権業務としているところもあります。それらを後継者・次世代幹部がそのまま引き継ぐのではなく、顧客との関係構築の方法や見積りの考え方など、現経営者の頭のなかにあるものを引き出し、紐解き、現場の担当社員でも対応できるようにすることを検討します。形式知化する手間はかかりますが、実務として行う際の負荷を分散するだけでなく、今後の成長を考慮した場合に、知識や考え方を企業全体のノウハウとして形式知化・共有すべき事項についてはこれらの方法も検討すべきです。

(c) 承継後の戦略の策定

最後に、企業の現状や先行きをふまえ、事業上抱えている課題の洗い出しと解決策の案出しを行います。

(i) 戦略案の列挙（案出し）

今後の市場や顧客の動向・先行きに対し、自社の「強み」「弱み」をふまえながら、実施すべき戦略・取組みをあげていきます。

既存事業領域における収益・シェアの拡大策、自社の強みを活かした新たな顧客の開拓、新製品・サービスの開発といった自社の存続・成長を実現するために必要な戦略とともに、これらの戦略を実行し、成果につなげるために必要な体制づくり・人材育成なども検討の対象に入れておくことが重要です。

また、既存事業領域の「寿命」がこの先長くはない、ということであれば、新たな事業領域への展開を考える必要があります。

なお、この施策は考えられる限りできるだけ多くの施策を列挙してください。次のステップで施策の優先順位をつけ、絞り込みをしていくこととなりますが、絞り込む前の施策が多いほど、選択肢が広がることとなるからです。

(ii) 戦略の絞り込み・優先順位づけ

戦略を列挙することができたら、次は列挙した戦略の絞り込みを行います。特に、中堅・中小企業においては、リソース（資金や人材など）が限られているため、複数の戦略を同時に実行することは困難です。

このため、列挙された戦略を絞り込み、優先順位をつけることで、戦略を確実に実行していくための道すじをつける必要があるのです。

絞り込み・優先順位づけを行う視点としては、「ニーズの大きさ（その戦略のターゲットとしている領域の市場規模や成長性）」「独自性・優位性（他社と比較した戦略の強み）」「成果（戦略を実行した場合における売上げ、利益、既存事業とのシナジー効果）」「経営資源（戦略の実行に必要な資源（ヒト・モノ・カネ）、成果が出てくるまでの期間）」「戦略を実行するための容易性」の要素から総合的に判断を行います。

なお、昨今では第Ⅰ章で述べたように、必要な人材の採用・育成が事業存続上の大きな課題となっている企業も少なくありません。しかし、人材不足・育成の不十分さを嘆きながら、売上げ・利益につながる日常の業務が優先され、状況が改善されないといった企業も多いのではないでしょうか。人材の採用・育成のための仕組みづくりや定着には時間がかかります。ある企業では、売上げをあえて減少させても、人材採用・育成に人材と資金を振り分け、仕組み構築後、再成長軌道に乗せることができた、という事例もあります。

売上げ・利益をあげ続けることも重要ですが、承継等のタイミングでいま一度、自社にとって真に重要な課題は何かを検討・議論すべきです。

(B) 「所有」(オーナーシップ)の視点

「所有」の視点における課題解決のための施策は、現状分析や「目指す姿」をふまえ、後継者が耐えうる資金負担の範囲内で、あるべき株主構成を達成するための方策となります。

もちろん、不当に税負担を軽減することは認められず、対策では将来の自社の損益予測等をふまえた株式承継のタイミングを図ることが重要となります。

たとえば、役員退職金の支払等により自社の損益が大きく落ち込むことが予想される年度の翌年度は株式の承継の絶好のタイミングといえます。

また、分散した株式の集約や、名義株の解消といった点についても、対応の手順(誰が、いつ、何をするか)について詳細設計をしておかなければ、問題の解決は先送りをされてしまいます。

上記詳細設計した対応の手順について、事前にスケジューリングをしておくことで、株式の承継を計画的に実行することが可能となります。

なお、税務上の株価の算定は税金に関する専門知識が必要であり、また、株価対策を実施する場合には税務リスクについても検討しなければならないため、必ず顧問税理士等の専門家に相談をして進めていくことをお勧めします。

(C) 「家族」(ファミリー)の視点

「家族」関係において「目指す姿」は、先に述べたように「仲よく、お互いに頼れる存在」であり、お互いに大きな不満なく充実した生活ができているといった状態です。

そのために、「経営」や「所有」における「目指す姿」の実現を念頭に現状の各関係親族の関係性・意向、あるいは将来予測される親族内の変化をふまえ、次世代の各親族のかかわり方や役割分担、所有(経営)権の承継方針、それらに付随する他の財産の配分方針を定め、合意形成を図っていきます。

「経営」へのかかわり方・役割については、親族だけでなく、他の役員・従業員の納得性も重要なポイントです。親族だからといって、無条件に経営幹部にする、といったやり方ではなく、育成の取組みと最終的な能力もふまえた方針の検討が重要です。

「親族だからわかってくれる」と合意形成をおろそかにせず、必要に応じて、第Ⅳ章の「5 『家族』（ファミリー）の視点」の節で述べたルールづくりや定期的なコミュニケーションの場の設定を検討すべきです。

② 事業承継計画のまとめ

実行すべき戦略および戦略の優先順位が定まったら、それを事業承継計画書に落とし込みます。

事業承継計画書のフレームは図表Ⅴ－1、Ⅴ－2に示したとおりです。

事前に検討した「経営」「所有」「家族」の三つの視点における現状分析と戦略をタイムスケジュールとともに1枚のシートにまとめます。このシートがこれから事業承継を実行していくにあたっての道しるべとなります。

こういった計画の文書化は面倒だと感じる方もいらっしゃるかもしれません。しかし、現経営者と後継者が議論・合意形成をしながら、必要に応じて関係者の協力も得て、着実に計画を実行に移していくことが円滑な事業承継実現の何よりの近道といえます。

(4) STEP 4 実施計画（アクションプラン）への落とし込み・スケジュール策定

事業承継計画を着実に実行するために 特に計画1年目については、事業承継計画に掲げた施策の詳細な実行計画（アクションプラン）を策定します。

実行計画には、その行動の実行者、実施時期を設定します。

また、定めたアクションプランについては、半年または1年に1回程度、関係者が集まって定期的に進捗を確認する会議体を設定します。「経営」の承継に関する取組みについては、事業環境や足元の事業戦略等をふまえ、よりスピード感をもって行う必要があれば、３カ月に１回程度の進捗確認があってもよいでしょう。

定期的な報告の場を設けることで着実な実行を促し、不測の事態により当初計画していたアクションプランでは実行がむずかしい状況に直面してしまったときに、次なる施策を検討・協議する場としても活用することができます。

なお、事業承継を円滑に行うという点で、アクションプランの実行にあたっては、主に後継者を責任者として設定し、後継者が中心となって計画の実行に取り組んでもらう体制をつくります。そして、その結果を現経営者に報告・共有しながら、必要に応じて指導を受けるといったかたちが、後継者の育成につながります。

計画は実行に移してこそその価値を発揮することができ、実際に行動をすることこそが最も有効な後継者の育成の機会となります。

また、企業の状況（社内外の変化）や家族の状況・意向の変化にあわせ、柔軟に見直しをしていくことも重要です。

Ⅵ

事業承継事例の紹介

この章では、これまで解説してきた内容もふまえつつ、実際にわれわれの支援事例を紹介します。
（各事例は当該企業の情報保護のため、企業規模・業種、概要等を変えて記載しています）

(1)　食品卸売業Ａ社

Ａ社は70年ほどの業歴のある、某地方の食品卸売業です。商圏内の飲食店や食品メーカーなどに加工・冷凍食品等の卸売りを行っています。財務状態

図表Ⅵ－１　Ａ社の概要

企業概要
・売上高 約25億円、従業員数30名
・地域食品卸（加工・冷凍食品等）
　特定の食材に強みがあり、自社ブランドも展開
・創業70年ほどの老舗
・市場の成熟化・価格競争の激化により、売上げ・利益とも減少傾向
・現在、事業承継に向け、権限等の委譲を推進中
　―現在の社長は２代目。創業者の娘婿
　―３代目は２代目社長の長男。大手商社に勤務後、３年前に入社

図表Ⅵ－２　Ａ社オーナー家家系図

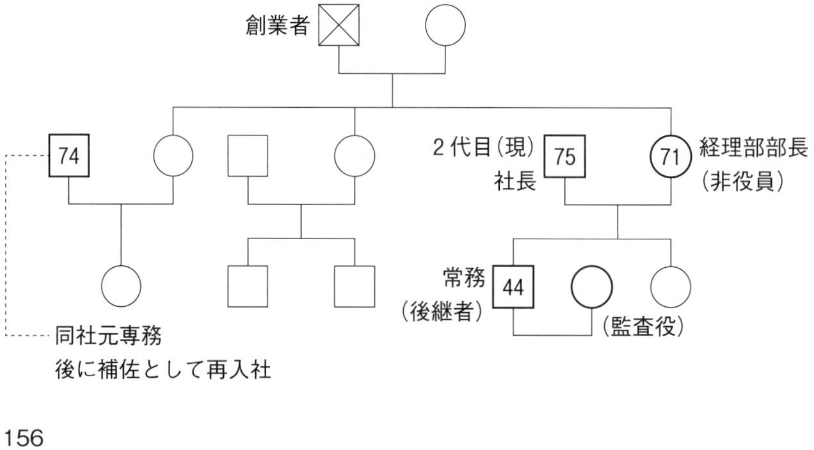

は比較的安定しているものの、市場の成熟化と価格競争の激化により、売上げ・利益ともに減少傾向にありました。そこへ大手商社に勤務していた、現経営者の長男が後継者として３年前に入社しましたが、現経営者と経営に対する考え方の違いから関係が悪化、事業承継にかかわる取組みが滞っていました（図表Ⅵ－１、Ⅵ－２）。

やがて、現経営者と後継者の関係が現経営にも影響を及ぼすようになり、危機感をもった後継者は、もともと当社の役員を務めていた親族を呼び戻し、現経営者との仲介役をお願いしつつ、今後の事業や承継の方向性につい

図表Ⅵ－３　Ａ社の課題と事業承継に向けた取組みの方向性

	主な課題	事業承継に向けた取組みの方向性
経営	✓売上げ（顧客数）の減少 ✓次世代幹部・社員が育っていない （長年、御用聞き営業が中心→新規開拓や提案営業ができない） ✓人事・給与の不透明さ （→社員のモチベーションが停滞） ✓ガバナンスの不備 （財務・意思決定プロセスが不透明）	・事業戦略・方針の策定・共有 ・PB 商品の開発強化 ・ターゲット顧客・強みを有する商品への注力 ・営業マネジメント・PDCA の仕組みづくり ・人材育成＝営業マンのスキルのバラつき、提案営業力強化（新規顧客開拓） ・人事・給与体系の再構築 ・ガバナンス強化（役員会・経営会議の開催、財務・人事等、管理業務管掌権限の譲受け）
所有	✓株が分散 ✓相続方針が不透明 （あるかもしれないが、明示されていない。迷いが生じている）	・株式承継・買取スキーム・方針の明確化 （遺言書の作成） ・非役員・社員親族からの株式の譲受け ・現社長夫婦からの株式の譲受け
家族	✓現社長夫婦と後継者（息子）のコミュニケーションの減少	・親族内の事業運営・コミュニケーション促進のため、後継者の補佐役（右腕）として元専務の叔父が再入社 ・ファミリー会議の開催（叔父を仲介役に）

て検討すべく事業承継計画を策定しました（図表Ⅵ－４）。

大きな課題としてあげられたのが売上げ・利益の減少と株式の分散です。既存顧客は長年の付合いで顧客自体の商売自体も成熟化・縮小傾向にあり、それに引きずられるようにして当社の業績も悪化していました。

そのなかで、会社の歴史の振り返りと強みの分析を行い、強みをもつ食材領域について、当該食品の特性やセールスポイントについての勉強会を重ね、約20年前に開発したPB商品の歴史と価値を再定義したうえで、社員も巻き込みながら、ネーミングや商品ラベル変更も含めた顧客への提案力の向上、拡販を推進していきました。

図表Ⅵ－４　Ａ社の事業承継計画（概要）

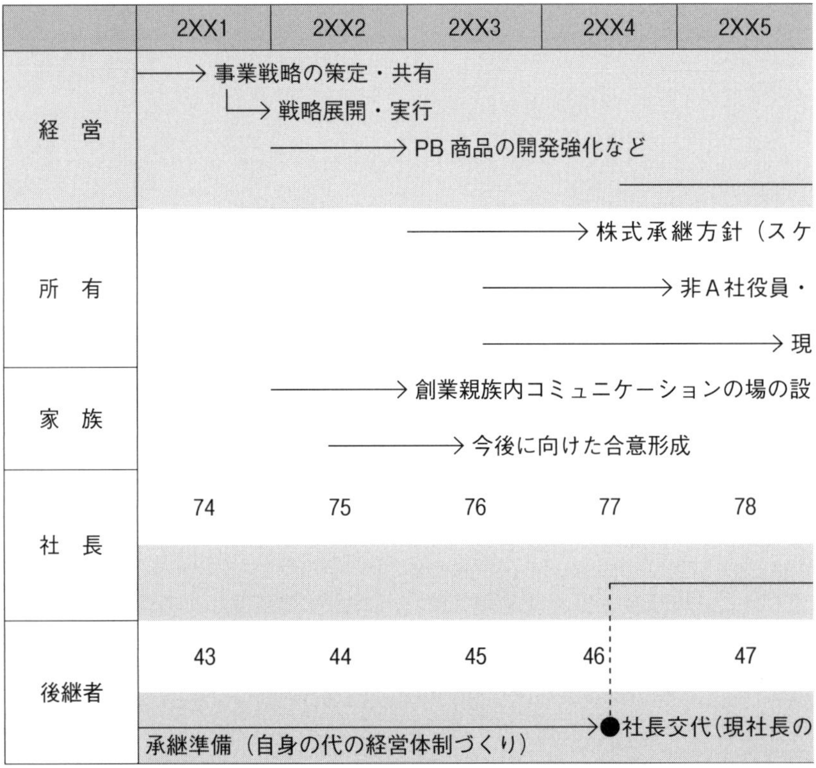

計画策定前の段階では、後継者は経営における課題は評価の視点が属人的かつ不明確な人事制度にあると考え、人事制度の変更を予定していましたが、事業戦略・方向性を明確にしたうえで、戦略に沿った人事制度に変えたほうが、従業員に対する動機づけ等の面で効果が高いということになり、いったん延期することにしました。

その後、事業戦略・方針に沿い、顧客を対応難易度や期待値等によりランク分け、各社員への期待値を10項目にわたって明確化し、その達成度によって評価する制度の導入や家族手当を大幅に拡充するなどして、戦略・方針の実行を促す仕組みを構築していったのです。

2XX6	2XX7	2XX8	2XX9	2X10	2X11
―→ 人事評価制度の再構築					
ジュールも含め）の検討（＆遺言書の作成）					
社員株主から後継者への株式移譲					
社長夫婦から後継者への株式移譲					
定					
79	80	81	82	83	84
―――→ 会長としてフォロー					
48	49	50	51	52	53
会長就任）					

その結果、売上げ・粗利等の業績も徐々に前年を上回り、再成長軌道に乗りつつあります。

また、株式の分散については、もともと、現経営者が先代の経営者（創業者）の急逝に伴い、急きょ後を継ぐことになったため、株式承継の対策がなされておらず、遺留分として他の親族に相続された結果でした。株式を保有する親族に対して、現経営者と後継者が一緒になって、承継計画策定時に議論した方針を説明・説得にあたった結果、株式は集約のメドをつけることができました。

上記以外に経営や所有に関する課題を列挙し、現経営者と後継者が意思疎通を図りながら取り組むことにより、当社における課題を的確におさえたうえでの対応が検討でき、他のステークホルダーに対する説得力や信頼を高めることができました。「経営」における業績・社内体制双方の面で改善を図りつつ、経営権も集約、安定的な体制を構築することができ、「円滑な承継」を実現することができたのです（図表Ⅵ－３、Ⅵ－４）。

⑵ 製造業Ｂ社

Ｂ社は、大手重機メーカーと太いパイプをもつ、鍛造業を営む会社です。主に重機部品を製造しており、オーダーメード型の受注を強みとしています。一部、金型を使った大量生産も行ってはいますが、利益の大半は、製品一つ一つをプレス機で叩きながら成形をしていくオーダーメード型の小ロット受注生産によるものです。大手重機メーカーからは、試作段階の部品の製造や、すでに製造が中止されている重機の補用パーツ等の製造の委託も請け負っていました（図表Ⅵ－５）。

しかしながら、海外市場における建設機械の需要が停滞してきたこと等が影響し、大手重機メーカーにおける生産が縮小、Ｂ社もその影響を受け、業績が悪化傾向にありました。

一方、社長は当時64歳で数年後には社長の交代を予定していました。しかし、社長の長男は28歳とまだ若く、社長を継がせるには無理がありました。

そこで、現在Ｂ社取締役である社長の甥ｂ氏（当時47歳）を次期社長に据え、社長の甥の後継として長男を育成していく方針を定めました。

図表Ⅵ－５　Ｂ社の概要

企業概要

- 重機部品の製造を行う鍛造業
- 売上高　30億円、従業員数120名
- 大手重機メーカーとの太いパイプをもち、試作段階の部品等をオーダーメードで受注できることが強み
- 株式は社長が100％保有
- 海外市場における需要の減少に伴い、重機メーカーにおける生産の縮小、Ｂ社もその影響を受け売上げ・利益ともに減少傾向
- 業績回復のため、重機メーカー以外の新規顧客開拓は急務
- 現在、事業承継に向け、権限等の委譲を推進中
  —現在の社長は２代目
  —長男の年齢が若く、３代目は現取締役（甥）とする予定
  —４代目に社長の長男を予定している

図表Ⅵ－６　Ｂ社の課題と事業承継に向けた取組みの方向性

	主な課題	事業承継に向けた取組みの方向性
経営	✓業績の改善 ✓新たな市場への参入が不可避 ✓社長甥ｂ氏および社長長男の経営者としての育成	・次世代経営者および経営幹部による事業戦略・方針の策定・共有 ・Ｂ社の技術が通用する新規市場の調査 ・次世代経営陣と社員の信頼関係の構築 ・社長補佐のもと、次世代経営陣による事業戦略の着実な実行
所有	✓社長一家における支配権の確保 ✓ｂ氏の経営者としての意識の醸成	・過半数の株式は社長一家にて保有 ・社長から長男への贈与による株式の承継 ・社長からｂ氏への株式の譲渡
家族	✓ｂ氏との長期的に良好な関係の構築	・株主総会の開催による株主間のコミュニケーションの深化 ・Ｂ社の株主として、Ｂ社を支えていくという意識の醸成

Ｂ社の事業承継の主な課題は、甥の次期経営者としての育成、長男の次々期経営者としての育成、オーナー家と甥との良好な関係の維持、でした（図表Ⅵ－６）。

まず甥と長男の経営者としての育成のため、二人を中心としたプロジェクト（PJ）メンバーを組成し、中期経営計画の策定を行いました。中期経営計画では、主な戦略として新規市場開拓を掲げ、Ｂ社の技術を活かせる市場を

図表Ⅵ－７　Ｂ社の事業承継計画（概要）

	2XX1	2XX2	2XX3	2XX4	2XX5
経　営	→ 次世代経営陣による事業戦略の策定・共有	→ 事業戦略の策定・共有	→ 新規市場開拓など戦略の		
所　有	→ 株式承継方針および承継スケジュール作成	→ 社長から甥への株式移譲 → 社長から長男への株式移譲			
家　族		→ 今後に向けた合意形成			
社　長	64 承継準備（経営者育成）→	65	66 ●社長退任	67	68
次期社長 ｂ氏 （甥）	47	48	49 ●社長就任	50	51
次々期 社長 （長男）	28	29	30 ●取締役就任	31	32

徹底的に調査し、その新市場への参入方法についても具体的な行動計画にまで落とし込みました。

もう一つの課題、甥一家とオーナー家の関係の維持については、B社の現社長の意向のもと、過半数の株式はオーナー家で保有しながらも、経営を担っているという意識をもってもらうこと、配当というインセンティブを付与することを目的として、甥にも一定数の株式を保有してもらうこととしま

2XX6	2XX7	2XX8	2XX9	2X10	2X11
実行					
（社長一家および甥における）株主総会開催 →					
69	70	71	72	73	74
会長としてフォロー →					
52	53	54	55	56	57
33	34	35	36	37	38

した。

そして、株主総会というかたちで、少なくとも年に１回は社長、長男、甥と経営について話し合う機会を設け、オーナー家と甥が協力しあい、Ｂ社を支えていく仕組みを構築しました。

なお、甥と社長・社長長男との良好な関係は社内にも前向きな雰囲気をつくりだし、社員がＢ社の戦略について真剣に考え、また行動に移してくれるようになりました。社員が新体制に前向きに協力してくれた結果として、Ｂ社は大手攪拌機メーカーからの受注を獲得することができ、業績のＶ字回復を達成することができました。現在では新体制のもと、さらなる成長に向けた戦略を検討しています（図表Ⅵ－７）。

おわりに

――「信頼」のために現経営者と後継者が手を携えて「承継と創造」を――

ここまで、「事業承継計画の策定」ということをテーマとしながら、事業承継において重要な視点、考え方・ポイントなどを解説してきました。

とはいえ、事業承継は百社百様です。ポイントとして述べてきた、三つの視点、「経営」「所有」「家族」において、状況がまったく同じ企業というのはまずありません。

これまでに述べてきた、各視点における現状とあるべき姿、それらをふまえた課題を複合的に検討・判断し、方針や取組みを考える必要があります。

オーナー経営者の皆様は自身が生み育てた会社が末永く続き、大きく発展していくことを望んでいるはずです。後を継ぐと覚悟を決めた後継者も自身の代で終わらせることなく、事業を成長・発展させ、次の世代に託したいと考えていると思います。

その成長・発展に必要なのは、ステークホルダーからの「信頼」です。事業承継の本質はこの「信頼」を承継するための取組みであり、そのためには株式・企業組織を「承継」するだけでなく、後継者・将来目指す姿に向けて事業・組織を「創造」していくことが不可欠です。

現経営者、後継者どちらかではなく、ともにこのテーマにあたり、「覚悟」をもって取り組まなければ、事業承継は成し遂げられません。

この「覚悟」はさまざまな視点から考え抜かなければ醸成できないものであり、その「考え抜く」作業がこの「事業承継計画」の策定です。

本書が現経営者・後継者の将来、皆様の企業の今後100年の繁栄の一助になれば幸いです。

事項索引

【よ】

【ら】

【り】

【る】

【れ】

【執筆者紹介】

寺島　大介（てらしま　だいすけ）

チーフコンサルタント
株式会社三和総合研究所（現三菱UFJリサーチ&コンサルティング）、ITベンチャー企業を経て、当社入社。前職では経営企画部門、新規事業開発部門を統括。現在は「経営承継」支援を中心に経営承継プランの策定・実行支援、企業のビジョン・ウェイ（企業理念・行動指針等）の策定、中期経営計画、新規事業開発計画の策定・実行支援、営業力強化支援、これらを通した後継者・次世代幹部育成などのコンサルティング案件に幅広く関与。

廣田　智久（ひろた　ともひさ）

シニアコンサルタント　経営学修士
格付投資情報センター（R&I、国内大手信用格付業者）のストラクチャードファイナンス部門にて主に事業の証券化（WBS）やプロジェクトファイナンス等の信用格付に従事した後、当社入社。M&Aアドバイザリー、企業組織再編、事業承継アドバイザリー等のストラクチャリング案件に加え、経営戦略立案からビジネスデューデリジェンス、中期経営計画策定、バリューアップ支援までのコンサルティング案件にも多数関与。

船木　陽介（ふなき　ようすけ）

シニアコンサルタント　公認会計士
有限責任監査法人トーマツにて、法定監査業務、内部統制支援業務に従事した後、当社入社。中期経営計画策定支援、ガバナンス構築支援、収益改善支援のほか、M&Aアドバイザリー、企業組織再編コンサルティング等の公認会計士としての知見を活かしたコンサルティング案件に関与。

込山　大介（こみやま　だいすけ）

シニアコンサルタント　税理士
EY税理士法人を経て、当社入社。M&Aアドバイザリー、事業承継、グループ組織再編等の財務コンサルティングを中心に、中期経営計画策定や収益改善支援等の企業経営全般に関するコンサルティング案件にも関与。

松本　康宏（まつもと　やすひろ）

シニアコンサルタント　税理士
大手税理士法人、地方銀行シンクタンクを経て、当社入社。事業承継、グループ組織再編、持株会設立等の資本回りの支援のほか、中期経営計画策定、収益改善支援など、幅広いコンサルティング案件に関与。

若松　寛智（わかまつ　ひろと）

シニアコンサルタント　経営学修士（MBA）
株式会社東海銀行（現三菱UFJ銀行）に入行後、国際本部にて米州拠点を統括する経営企画、法人本部にて新規ビジネスの立ち上げに携わった後、リテール部門にて営業経験を積む。当社への業務出向を通じて、次世代経営幹部育成型の中期経営計画策定支援等の経営承継コンサルティング案件に関与。

石井　和美（いしい　かずみ）

アソシエイト
IT系コンサルティング会社にて、製造業、保険業、建設業、通信業などの業務システム可視化、論理データベース設計、課題解決案策定に従事。官公庁向けシンクタンクにて省庁の調査研究事業、公益社団法人化支援、業界団体の経営分析を実施後、当社入社。中期経営計画策定支援、収益改善支援等に関与。

【編者紹介】

三菱UFJリサーチ&コンサルティング株式会社
コーポレートアドバイザリー部
経営承継コンサルティング室

2006年1月、UFJ総合研究所、ダイヤモンドビジネスコンサルティング、東京リサーチインターナショナルの3社の合併により誕生した日本を代表する総合シンクタンクである。なかでも、コーポレートアドバイザリー部は、公認会計士、税理士、中小企業診断士等の有資格者や高い専門性をもつスタッフが数多く在籍しており、経営承継・資産承継にかかわるコンサルティングを中心に、その周辺領域を含めて経営課題の解決に資するサービスを幅広く提供している。

会社を強くする承継の鉄則
——経営・所有・家族の承継プランニング

2020年1月9日　第1刷発行

著　者　三菱UFJリサーチ&コンサルティング株式会社
　　　　コーポレートアドバイザリー部
発行者　加藤　一浩

〒160-8520　東京都新宿区南元町19
発　行　所　一般社団法人 金融財政事情研究会
企画・制作・販売　株式会社 き ん ざ い
編 集 部　TEL 03(3355)1870　FAX 03(3357)7416
販売受付　TEL 03(3358)2891　FAX 03(3358)0037
URL https://www.kinzai.jp/

校正・DTP：株式会社友人社／印刷：三松堂株式会社

ISBN978-4-322-13512-1